VERBORGENE WELTEN

Bildnachweis
Shutterstock: S. 5, S. 19 o. l., S. 19 o. r., S. 57 o. r. Sebastian Janicki; S. 10 o. krolya25; S. 10 M. Daumantas Liekis; S. 10 u., S. 84 o. M. aldorado; S. 12 Food Impressions; S.13 o. Dr. Norbert Lange; S.13 M. r., 93 (2) Delennyk; S.13 u. l. Jennifer Kluender; S.13 u. r. Sergey Dubrov; S.14 u. Alejo Miranda; S. 14, S. 38-39 (Hintergrund Gitter) berCheck; S. 15 M. l. Madlen; S. 15 M. M., S. 38 u. r., S. 52 M. l. RhjPhtotos; S.15 M. r. u., S. 95 (2) Stellar Gems; S.15 u. michal812; S. 19 u. l. Albert Russ; S. 19 u. r. Fokin Oleg; S. 21 o. Supa Chan; S. 22 M. l. ream sukanya; S. 22 M. r. Bildagentur Zoonar; S. 22 u. r. hjoche; S. 23 u. l., S. 52 u. r., S. 95 (3) S_E; S. 23 u. r., S. 94 (1) SpotLuda; S. 26 o. Mats Wiklund; S. 26 M. r., S. 94 (2, 4) vvoe; S. 27 o. r. Michael Benjamin; S. 27 o. l. Sophia Williams; S. 27 M. 1., S. 27 M. r. KrimKate; S. 29 u. l. Suchart Tanachaitimakron; S. 29 u. r. Foxys Forest Manufacture; S. 30 o. pjhpix; S. 31 o. l. pics five; S. 31 M. Africa Studio.; S. 31 u. Ostill is Franck Camhi; S. 35 o. (Hintergrund) Bubushonok; S. 35 o. Mike Demidov; S. 35 r. Peter Hermes Furian; S. 35 M. Ratoca; S. 35 u., S. 53 M. Ss pixels; S. 37 o. l. F-Focus by Mati KoseGmbH; S. 37 u. l. LiuSol; S. 37 o. r. NatureRetreat; S. 37 u. r. Wongsakorn Dulyavit; S. 38 u. l. Peyker; S. 39 M. r. Nina Unruh; S. 39 u. l. Composite_Carbonman; S. 39 u. r. engel.ac; S. 42 u. l. Cast of Thousands; S. 42 u. r. optimarc; S. 43 o. r. Lizard; S. 44 M. l. Lili.Q; S. 44 u. l. andatlas.org; S. 45 o. l. ifong; S. 45 M. l. EreborMountain; S. 45 M. r. loraks; S. 45 u. r. Tanya Sid; S. 48 o. Sanit Fuangnakhon; S. 50 o. l. Taser; S. 50 M. Alena Brozova; S. 50 u. sandra zuerlei; S 51 o. Remus Rigo; S. 51 o. (Hintergrund) GreenTech; S. 52 o. r. Medwedja; S. 52 M. r. Roman Bodnarchuk.; S. 53 o. Sugrit Jiranarak; S. 53 u. r. photokup; S. 54 o. Michael LaMonica; S. 54 M. mahirart; S. 54 u. (Hintergrund) cityfoto24; S. 54 u. r. gualtiero boffi; S. 55 o. AlexandrBognat; S. 57 o. l. Miiisha; S. 57 M. Holy Polygon; S. 59 o. Naeblys; S. 59 u. Vadober; S. 63 o. Jaroslav Moravcik; S. 63 u. SiriwatA; S. 64 o. l. Roy Palmer; S. 64 o. r. Mariusz Szczygiel; S. 65 M. l. meirion matthias; S. 65 M. r. Zuktenvos; S. 66 o. r. New Africa; S. 66 o. l., S. 92 (2, 4) Albert Russ; S. 66 M. l. Tomdesigndee; S. 66 u. l., S. 86 M. stockphoto-graf; S. 66 u. M. Ahmed Hamdy Hassan; S. 67 M. l. current value; S. 67 M. r. Prokrida; S. 67 u. l. Aleksandr Pobedimskiy; S. 67 u. r., S. 96 (2–4) grey_and; S. 69 l. MiloVad; S. 69 u. r. saweang.w; S. 76 o. Number001; S. 76 M. Chrispo; S. 76 u. Natalia van D; S. 77 BlueRingMedia; S. 82 M. c12; S. 84 M. r. Ruslan Semichev; S. 84 u. ai_stock; S. 85 o. Mauro Carli; S. 87 o. (Hintergrund) ArtHead; S. 87 o. r. Andrey Suslov; S. 87 u. Scharfsinn; S. 91 u. Maxx Studio; S. 92 (1) Sebastian Janicki; S. 92 (3) Minakryn Ruslan; S. 93 (1) losmandarinas; S. 93 (3) Mara Fribus; S. 93 u. r. mineral-vision; S. 94 (3) MXW Stock; S. 95 (1) MrBright; S. 95 (4) jimena terraza; S. 96 (1) Bjoern Wylezich;

Wikipedia: S. 10 M. r. Roland Fischer (CC BY-SA 3.0); S. 13 u. M. r., S. 15 M. o. r., S. 19 M. r., S. 42 M. r., S. 66 M. r., S. 67 o. r. Rob Lavinsky (CC BY-SA 3.0); S. 15 o. r., S. 39 o. DeepKling (CC BY-SA 3.0); S. 21 l. Francesco Bandarin (CC BY-SA 3.0); S. 21 u. Eric Gaba (Sting); S. 22 o. Traumrune (CC BY-SA 3.0); S. 22 u. Josef Lehmkuhl (gemeinfrei); S. 42 u. M. Dave Dyet (gemeinfrei); S. 43 u. Einsamer Schütze (CC BY-SA 3.0); S. 48 u. Stefan Thüngen (gemeinfrei); S. 50 o. r. NoiseD (CC BY-SA 3.0); S. 55 u. Ra'ike (CC BY-SA 3.0); S. 64 M. Hermann Junghans (CC BY-SA 3.0); S. 65 u. l. Dbachmann (CC BY-SA 3.0); S. 82 o. Ardon Bar Hama (PD-US); S. 87 M. Tomihahndorf (CC BY-SA 3.0); S. 91 M. Fairphone (CC BY-SA 2.0)

Konzept und Text: Isabel Dencker, Hamburg
Illustrationen: Sanna Wandtke, Hamburg
Layout-Konzeption und Typographie: Raffaele Anello, Berlin
Projektkoordination und -abwicklung: Editors Genie | Udo Rehmann, Feldafing
Druckvorstufe: Editors Genie | Udo Rehmann, Feldafing
Druck und Bindung: Beijing Allied Fortune International Trade Co., Ltd - Beijing, China
Printed in: China

FSC www.fsc.org MIX Papier aus verantwortungsvollen Quellen FSC® C147414

ISBN: 978-3-96808-013-0

Nachdruck	Druckjahr
5 4 3 2 1	2027 2026 2025 2024 2023

ISABEL DENCKER

Verborgene Welt der MINERALIEN

Illustrationen
Sanna Wandtke

Sophie Verlag

INHALT

DAS FÄNGT JA GUT AN …

„Schaut mal, steht da unten nicht Miguel beim Fischen?“, fragte die Mutter und lenkte das Wohnmobil auf einen kieseligen Felsvorsprung. Alle vier sprangen aus dem Wagen und liefen zum Meer hinunter, um Miguel zu begrüßen. Doch kaum hatten sie den Strand erreicht, hörten sie den Vater hinter sich rufen: „Ah, Mist, mein Fuß, ich bin umgeknickt!“ Mit schmerzverzerrtem Gesicht setzte er sich auf den Boden. „Oh je, das schwillt ja wahnsinnig schnell an! Ich muss dich zum Arzt bringen! Aber wie? Der Camper ist viel zu groß für die schmalen Strassen der Altstadt.“

„Mein Sohn kann euch zum Arzt bringen“, rief Miguel, der herbeigeeilt kam. „Die Kinder könnten hier bei mir bleiben. Ich bin sowieso am Strand, falls sie etwas brauchen.“ „Mama, das ist doch eine gute Idee. Ich bin alt genug, um mit Sophie allein zu bleiben“, schlug der fünfzehnjährige Tom vor. „Klar“, versicherte auch seine fünf Jahre jüngere Schwester augenzwinkernd. „Ich pass schon auf Tom auf!“ „Toll ihr zwei, ich rufe euch an, sobald es was Neues gibt. Spielt also die Akkus eurer Handys nicht leer!“, mahnte sie die Geschwister. „Das fängt ja gut an!“

MIT STEINEN FEUER MACHEN

Na super, was sollen wir denn jetzt machen, wenn wir weder zocken noch chatten noch irgendetwas hören können?“, fragte Tom, als die Eltern weg waren.
Sophie wühlte ratlos mit dem Fuß in den Steinen am Boden. „Lass uns erstmal ein paar Eier und Speck zum Frühstück braten, dann überlegen wir weiter.“
„Gute Idee“, stimmte Tom zu. „Die Küche können wir aber nicht benutzen, das Gas ist noch nicht angeschlossen. Wir nehmen den Campingkocher.“
Er begann, Gaskocher, Pfanne, Eier und alles weitere zum Kochen vorzubereiten. Doch als er mit einem Feuerzeug das Gas entzünden wollte, drückte er vergebens auf den Schalter.
„Oh, Mist! Haben wir noch ein anderes Feuerzeug?“

„Ja, hier – mit Rädchen“, sagte Sophie. Doch als sie dieses drehte, kam nur eine kleine Staubwolke hervor. „Seltsam - ich dachte da wären Feuersteine drin. Na ja, fragen wir Miguel, ob er Feuer hat.“
Und so liefen die Kinder wieder zum Strand hinunter. Große Felsbrocken bildeten kleine Landzungen und auf einer saß Miguel und angelte.

Tom balancierte vorsichtig auf die Felsbrocken hinaus und rief: „Äh, sorry, äh – hast du vielleicht Feuer?"
Miguel schüttelte den Kopf, machte Tom aber ein Zeichen, zum Camper zu gehen. Er steckte seine Angel zwischen den Felsen fest und balancierte dann, mit der Leichtigkeit eines Seiltänzers, über die Klippen, während Tom nur mit Mühe sein Gleichgewicht halten konnte, um nicht ins Wasser zu rutschen.
Auf dem Weg am Strand entlang hielt Miguel den Blick auf den Boden geheftet. Bald bückte er sich und hob eine kartoffelähnliche Knolle auf.
„Das ist Markasit", sagte er und hielt Tom und Sophie den seltsamen Stein hin. Dann blickte er sich weiter um und wählte zielstrebig einige der vielen Feuersteine, die im Sand lagen.
Am Camper angekommen, kniete Miguel sich hin, hielt einen Augenblick inne, um die Windrichtung zu prüfen und öffnete das Ventil der Gaskartusche. Dann nahm er je einen der gesammelten Steine und erzeugte, mit zwei gekonnten Schlägen, Funken, die das Gas zum Brennen brachten. Sophie stellte erleichtert die Pfanne auf die Halterung.
„Wow, vielen Dank", sagte Tom mit einem bewundernden Nicken.

Funkenflug

Oft liest man, dass zum Feuermachen, zwei Feuersteine gegeneinander geschlagen werden müssen. Es sind aber die Späne von Markasit oder auch Pyrit (Mineralien aus Schwefel und Eisen), die sich durch einen streichenden Hieb gegen den Feuerstein lösen und aufglühen.

GEWUSST WIE …

Probiert es selbst", sagte Miguel aufmunternd und zeigte ihnen, was sie machen sollten. Er hielt den Feuerstein in der einen Hand und strich mit dem Markasit in der anderen Hand dagegen, sodass kleine Funken aufstoben und augenblicklich in der Luft verglühten.
„Ihr dürft nicht zu fest schlagen, dann zerbricht der Stein. Wenn ihr aber zu wenig Kraft ansetzt, passiert gar nichts", erklärte Miguel. „Aber mit etwas Übung werdet ihr das lernen."
Es dauerte eine Weile, aber schon bald brachten auch Sophie und Tom die ersten Funken zustande. „Das klappt ja schon ganz gut", lobte Miguel die beiden und ging dann wieder zum Strand hinunter.

1 *Huthaut (Kruste)* **2** *Zunder (Trama)* **3** *Schwamm (Röhren)*

Zunder

Zunder kommt aus dem Zunderschwamm, einem Pilz, der an Birken- oder Buchenstämmen wächst. Es ist die ledrige Schicht zwischen der Huthaut und dem Schwamm.

Ein Lagerfeuer lässt sich mit etwas Zunder und getrocknetem Gras entfachen.

Achtung: Feuer ist sehr gefährlich! Ein Erwachsener sollte immer dabei sein, wenn Feuer gemacht wird!

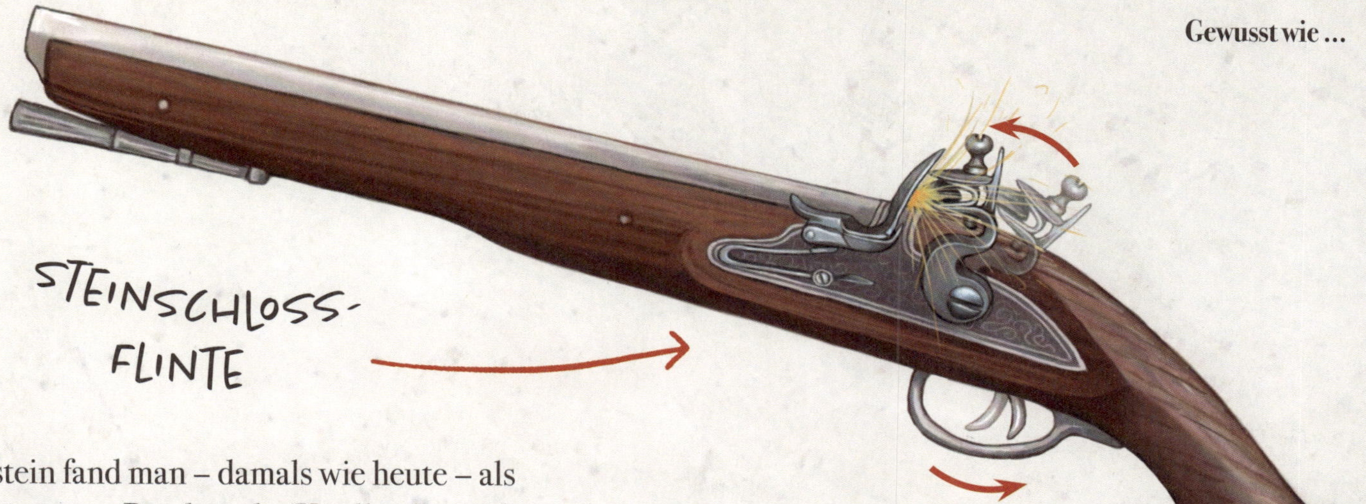

Feuerstein fand man – damals wie heute – als schwarzgraue Bänder oder Knollen besonders häufig an den meisten Kalksteinklippen. Hier war es für die Menschen ein Leichtes, sich ihre „Feuerzeuge" zu beschaffen.
Als der Mensch begann, Eisen zu verarbeiten, konnte er die eisenhaltigen Mineralien Markasit und Pyrit durch Feuerstahl ersetzen, aber nicht den Feuerstein. Erst Anfang des 20. Jahrhunderts wurde dann das sogenannte Auermetall als Zündstein für moderne Feuerzeuge eingeführt. Das Prinzip, ein eisenhaltiges Metall an einem Feuerstein zu reiben, blieb dabei bis heute erhalten. Nur ist Auermetall nicht ewig haltbar.
Feuerstein wurde auch für die ersten Handfeuerwaffen genutzt. Auch hier ratscht ein Feuerstein an einem Stahlstück entlang und löst Funken aus.

Flinte

Auch die typischen Seeräuberwaffen funktionieren mit Flint (engl. Feuerstein) und Stahl. Durch den Abzug prallt ein Feuerstein gegen eine Stahlplatte. Hierdurch werden Funken entfacht und gleichzeitig eine Kammer mit Schießpulver geöffnet. Dies entzündet sich und schleudert die Kugel aus dem Lauf.

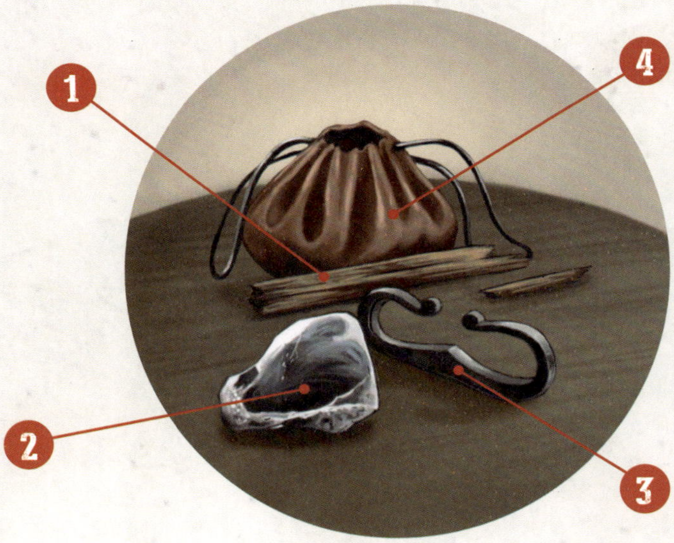

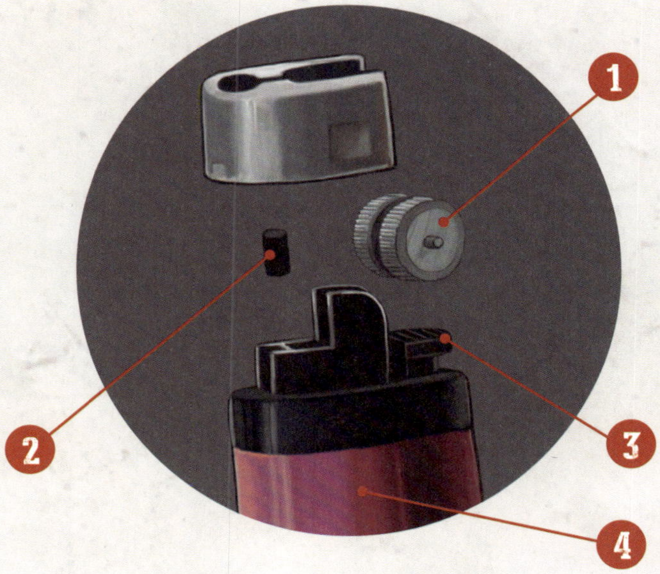

Altmodisches Feuerzeug
Für viele Jahrhunderte bestand das Feuerzeug aus leicht brennbarem Material wie zum Beispiel Zunderschwamm oder getrocknetem Holz (1), einem Feuerstein (2) und einem Feuerstahl (3), trocken verpackt in einem Lederbeutel (4).

Modernes Feuerzeug
Das Rädchen (1) reibt am Zündstein (2), wobei viele kleine Funken freigegeben werden. Drückt man gleichzeitig auf den Hebel (3) unterhalb des Rädchens, wird brennbares Gas (4) frei und entzündet sich an den Funken.

FAST SO HART WIE STAHL

Feuerstein war für die Steinzeitmenschen so wichtig, wie für uns heute der Stahl. Wegen seiner Härte und seiner scharfen Kanten eignete er sich perfekt, um daraus Werkzeuge zu fertigen. Weil er so begehrt war, haben die Menschen überall auf der Welt nach ihm gegraben, sodass Bergwerke entstanden, die mehrere Meter tief wurden. Das älteste Bergwerk haben Forscher in Ägypten gefunden. Sein Alter wird auf etwa 35.000 Jahre geschätzt.

In England wurde Feuerstein lange Zeit auch zum Bauen von Häusern genutzt, vor allem für besondere Gebäude, wie zum Beispiel Kirchen. Heute hat er an Wichtigkeit verloren, aber wegen seiner besonderen Härte wird er, feingemahlen, als Schleifmittel benutzt – ein bisschen wie in der Steinzeit.

Werkzeuge der Steinzeit

Meistens gruben die Steinzeitmenschen entlang von Felsaufschlüssen in die Tief und dann von dort verschiedene Gänge. An den Klippen konnten sie sofort horizontale Gänge anlegen.

So könnte ein neolithisches Bergwerk ausgesehen haben.

WIE ENTSTEHT FEUERSTEIN?

Feuerstein besteht aus verschiedenen Mineralien: Opal, Chalcedon und Moganit. Man nimmt an, dass Löcher und Höhlungen im Meeresboden von Überresten bestimmter Meerestiere, wie Kieselalgen und Kieselschwämmen, gefüllt wurden. Ihre harten Teile bestehen, anders als die Kalkschalen von Muscheln, aus Siliziumdioxid, also einer Verbindung aus den Elementen Silizium und Sauerstoff. Die aufweichenden Überreste bildeten einen gelartigen Schlamm, der im Laufe der Jahrtausende fest wurde. Häufig findet man darin noch Fossilien von Meerestieren, wie z. B. Radiolarien, deren Überreste auch die Gesteinsart Radiolarite bilden können.

Radiolarien

Radiolarien sind mikroskopisch kleine Lebewesen, die in warmen Bereichen der Meere leben. Ihre Hartteile bestehen aus Opal. Es gibt sie schon seit über 500 Millionen Jahren.

Opal

Chalcedon

Moganit

1 *unfertiger Feuerstein*
2 *Versteinerungen*
3 *Feuerstein*

BAUSTEINE DER WELT

WAS IST EIN ELEMENT?

Baut man ein Flugzeug aus blauen Bausteinchen, kann man sagen, dieses Flugzeug besteht aus blauen Bausteinchen. Baut man einen Turm aus Holzbauklötzen, besteht dieser Turm aus Holzbauklötzen. Alle Dinge in der Natur, egal ob es sich um Tiere, Pflanzen, Steine, Luft, Wasser oder Apfelsaft handelt, bestehen aus Atombausteinchen oder schlicht Atomen.
Bausteine und Bauklötze unterscheiden sich in Form und Farbe. Sie können rund oder quadratisch, blau, grün oder gelb sein. Atome dagegen muss man sich als runde Gebilde vorstellen, die sich auf den ersten Blick nur durch ihre Größe unterscheiden.
Die Größe ändert sich mit der Zahl der Teilchen, aus denen die Atome bestehen. Die Anzahl der Teilchen ändert auch die Eigenschaften der Atome.

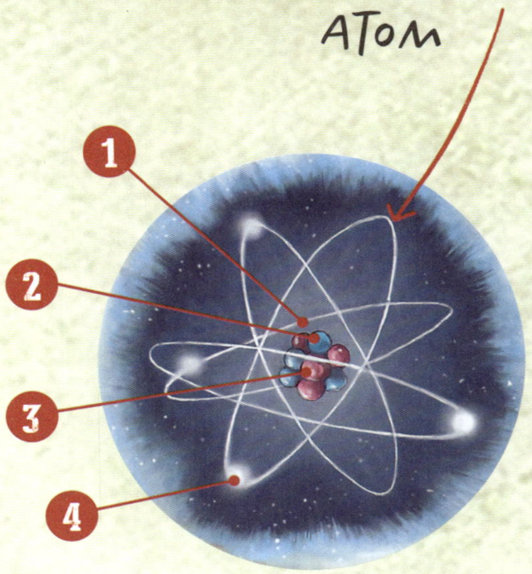

1 *Atomkern*
2 *Proton*
3 *Neutron*
4 *Elektron*

Ein Atom besteht aus Protonen, Neutronen und Elektronen. Neutronen und Protonen bilden den Atomkern. Die Elektronen schwirren in der Atomhülle um den Atomkern herum.

Die Natur besteht aus 94 verschiedenen Atomarten und jede Art hat einen Namen. Beispiele dafür sind Gold, Schwefel und Eisen. Im Allgemeinen spricht man nicht von Atomarten, sondern von chemischen Elementen oder einfach den Elementen.

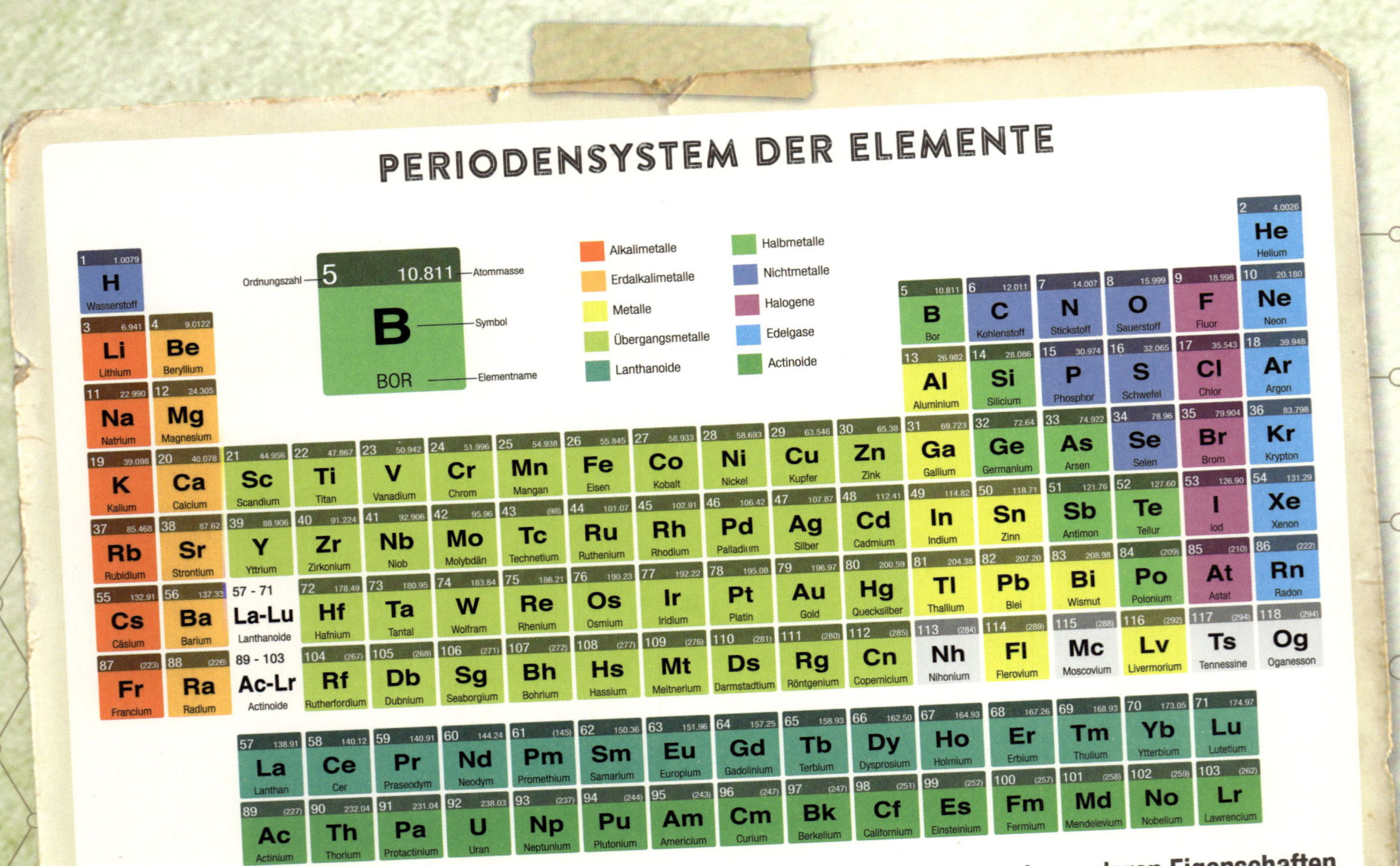

Das Periodensystem ist eine Tabelle mit allen bekannten Elementen und ihren besonderen Eigenschaften.

WAS IST EIN MINERAL?

Die Atome der Minerale setzen sich zu einem Gittergerüst zusammen und bilden dadurch das Mineral. Die Atome sind so winzig klein, dass man sie selbst mit einem guten Mikroskop nicht sehen kann – aber wenn sich ganz viele Atome zusammentun, wird das Gerüst immer größer und irgendwann kann man es sehen und in die Hand nehmen. Unten sieht man zwei Mineralien: Schwefel und Eisen. Beide Minerale bestehen aus nur einem einzigen Element, eben Schwefel oder Eisen. Man sieht wie unterschiedlich sie in ihrer Farbe und Beschaffenheit sind, weil sie aus verschiedenen Atomarten bestehen. Setzen sie sich in einem Gitter zusammen, entsteht ein neues, ganz anders aussehendes Mineral, der Pyrit. Er hat völlig andere Eigenschaften als Schwefel oder Eisen.

Schwefel und Eisen können sich zu Pyrit verbinden.

Unterschiede

Eisen schmilzt bei 1539 °C, ist magnetisch und hat eine Härte von 4-5.
Schwefel schmilzt bei 115,2 °C, ist nicht magnetisch und hat eine Härte von 2.
Pyrit schmilzt bei 742 °C, ist nicht magnetisch und hat eine Härte von bis zu 6,5.

WAS IST GESTEIN?

Gestein besteht aus vielen Kristallen eines oder mehrerer verschiedener Mineralien. Granit zum Beispiel besteht aus den Mineralen Feldspat (rot-orange und weiß), Quarz (grau) und Glimmer (kann schwarz oder hell sein und glimmert im Licht).

GRANIT

BUNTE STEINE

Stolz aßen die Kinder ihr Frühstück und überlegten, was sie als Nächstes – so ganz ohne Handy – anfangen sollten.

„Ich würde gerne zeichnen, ich habe aber keine Stifte dabei“, sagte Tom. „Ich frag Miguel, ob es hier in der Nähe einen Laden gibt, vielleicht kommt man da ja zu Fuß hin.“

AZURIT
HÄMATIT
MALACHIT

FARBEN AUS DER NATUR

Miguel schüttelte auf seine Frage hin den Kopf, bat die Kinder aber, ihm zu folgen. Sie gingen eine Weile am Strand entlang, bis sie vor einer Höhle in der steilen Felswand standen. Die Kinder stießen sich begeistert an und folgten Miguel mit klopfendem Herzen ins Innere. Nach ein paar Metern blieb er stehen und deutete auf mehrere handbreite Adern, die sich durch das weiße Kalkgestein zogen. Zunächst konnten sie kaum etwas erkennen, doch als sich ihre Augen an das schummrige Licht gewöhnt hatten, bemerkten sie leuchtend grünblaue, wulstige Gebilde.

„Seht mal, hier gibt es Azurit und Malachit", sagte Miguel, meißelte mit einem Taschenmesser kleine Klumpen aus dem Fels und gab sie den Kindern. Dann führte Miguel sie ein ganzes Stück tiefer in die Höhle, wo sich das Gestein an einer Seite plötzlich veränderte. Bis etwa einen Meter über dem Boden bestand es aus einem feinkörnigen Material in gelbbrauner und roter Farbe.

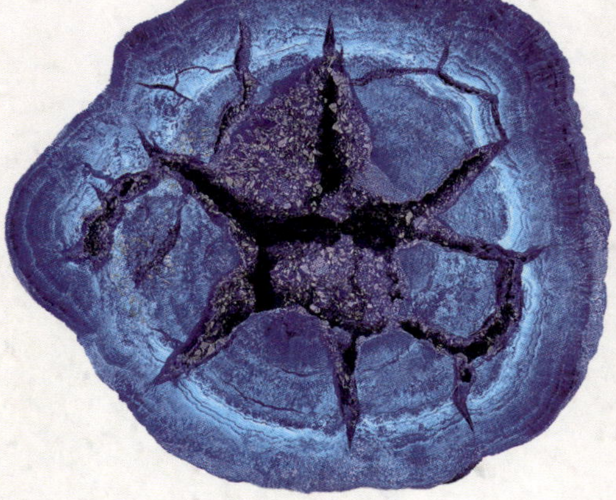
Azurit

Malachit

Kupfermineralien

Durch Kontakt mit kalkhaltigem Wasser entsteht aus Kupferkies der blaue Azurit und aus diesem der grüne Malachit.

Kupferkies

„Das ist Ocker, nehmt euch davon etwas mit", schlug Miguel vor und deutete auf das abgebröckelte Material am Boden.
„Wie leicht und locker es ist", bemerkte Tom. „Hier gibt es aber noch etwas anderes, schwer und rostig", sagte er und zeigte es Miguel.
„Hämatit", nickte Miguel, „das ist ein Eisenmineral."
Zuletzt drückte Miguel den Kindern noch ein paar goldgelbe Krümel in die Hand, die er aus einer anderen blaugrünen Ader herausgekratzt hatte.
„Kupferkies", sagte er nur, „kein Gold", und zwinkerte den Kindern zu.

„Das reicht jetzt aber auch", sagte er und so gingen sie gemeinsam zurück. Dabei fielen Sophie verblasste Schriftzeichen an der Höhlenwand auf.
„Was steht da?", fragte sie. Miguel kniff die Augen zusammen und las: „Magischer Berg … äh … des Regenbogens … ähm … Geheimnis … Goldtierchen im Stein … Saddi."
„Was bedeutet das?"
„Früher glaubten die Menschen, dies sei ein magischer Berg, weil Farben und viele andere Mineralien aus der Erde kommen. Manche Leute glauben bis heute, dass dafür geheimnisvolle goldene Tiere verantwortlich sind, die unter dem Berg leben."

Hämatit

verwitterter Hämatit

MIT STEINEN MALEN

Sie verließen die Höhle und gingen zum Wohnmobil zurück. Hier wählte Miguel unter den Kalksteinen, die am Boden lagen, eine recht große Platte und legte sie vor sich hin. Dann begann er, mit den mitgebrachten Mineralien darauf zu malen. Staunend sahen die Kinder zu, wie er mit dem Azurit blaue, dem Malachit grüne, dem Hämatit rote und dem goldenen Kupferkies grünschwarze Linien zog. Den Ocker zerrieb er fein, ließ Sophie einmal darauf spucken und zeigte, wie man die Farbe damit deckend verteilen konnte. „So machten das schon die Höhlenmenschen“, murmelte er.

Farbstoffe

Über viele Jahrhunderte wurden auch Pflanzen und tierische Substanzen zum Herstellen von Farben benutzt. Von der Purpurschnecke gewinnt man das berühmte Violett. Das warme Indisch-Gelb stammt aus dem Urin der heiligen Kühe und das Karminrot aus trächtigen Läusen.

Dann kramte er in seiner Tasche und nahm einige fingerdicke Bambushalme, eine kleine Dose Schuhcreme, eine Raspel und zwei weißgrüne Brocken, die wie zerbrochene Seife aussahen, heraus.

„Kennt ihr die Geschichte der Höhle von Lascaux?“, fragte Miguel und entfaltete einen Zeitungsartikel.

ENTDECKER DER LASCAUX-HÖHLE

Der damals 17-jährige Marcel Ravidad, ging im Sommer 1940 mit seinem Hund Robot spazieren, als dieser in einem Erdloch verschwand, das von einem entwurzelten Baum verdeckt wurde. Marcel folgte Robot und zog den Hund heraus. Als er dann einen Stein in die Öffnung warf, stellte er erstaunt fest, dass es wohl ein längerer Tunnel sein musste. Da er keinerlei Ausrüstung dabei hatte, entschied er, mit der Erkundung des Tunnels zu warten und erzählte seinen Freunden

Robot ist der eigentliche Entdecker der Höhle und wurde natürlich gerettet.

Wunderschöne Höhlenmalerei aus der Steinzeit.

Jacques Marsal, Georges Agniel und Simon Coencas davon. Voller Neugier kehrten sie Tage später zu dem Erdloch zurück und stiegen hinab. Was sie im schwachen Licht ihrer Lampen erkannten, ist bis heute einer der größten archäologischen Schätze der Steinzeit. Sie hatten unzählige, sehr gut erhaltene Malereien an den Wänden entdeckt, die vom Leben der Steinzeitmenschen mit Hirschen, Auerochsen und anderen Tieren erzählten. Ein paar Tage später führten die Jungs ihren ehemaligen Lehrer dorthin, der daraufhin umgehend Experten informierte.

Während die Kinder den Artikel lasen, raspelte Miguel etwas von dem Azurit ab.
„Damit das Mineralpulver auf dem Papier hält, muss es mit Talk“, er nahm die seifenähnlichen Mineralbrocken in die Hand, „mit Fetten und Wachs gemischt werden. Ich habe da meine eigene Mischung.“ Er deutete auf die Schuhcremedose. Daraufhin rieb er etwas Talk und mischte die beiden Mineralpulver mit etwas von seiner Mischung zu einem festen Brei. Dann strich er die Paste in einen der Bambushalme und fertig war ein blauer Buntstift, der noch am Feuer getrocknet und später gespitzt werden musste. Die Kinder staunten.

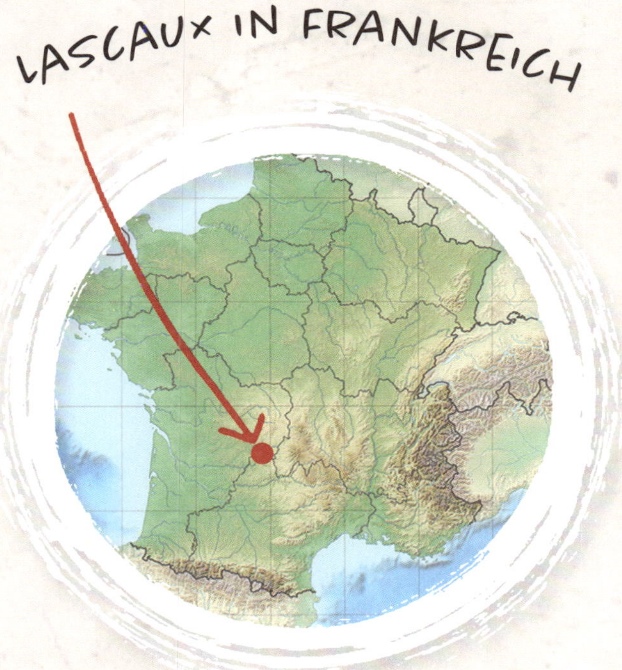

20.000 Jahre alte Kunstwerke aus Lascaux

PIGMENTE

Die Zeichnungen von Lascaux sind vor etwa 20.000 Jahren an die Höhlenwände gemalt worden. Dafür wurden verschiedene Ockerfarben benutzt, die die Menschen in der Gegend fanden. Ocker nennt man verschiedene Erdfarben. Sie sind verwitterte Gesteine aus Tonmineralen, Quarz, Kalk und Eisenmineralien, wie Limonit und Hämatit. Limonit macht den Ocker gelb, Hämatit rot. Die Kunstwerke mit diesen Farben sind bis heute erhalten geblieben.

OCKER

Rötlicher Ockerfelsen in Roussillon/Frankreich

RÖTEL

Für diese Studie verwendete der berühmte Tüftler und Künstler Leonardo da Vinci Rötel (Hämatit)

Mineralienadern entstehen durch sogenannte *hydrothermale Lösungen*. Übersetzt heißt das etwa „heiße Flüssigkeit". Sie bestehen hauptsächlich aus Wasser und darin gelösten Elementen, etwa wie ein Getränk aus Wasser und Brausepulver. Sickert Regenwasser in die Erde und in die Nähe einer Magmakammer, wird es stark erhitzt und mischt sich mit Flüssigkeiten, die vom Magma aus in Gesteinsritzen aufsteigen. Wenn diese Flüssigkeiten so durch das Gestein laufen, lösen sie die chemischen Elemente, aus denen das Gestein besteht.

Kühlt das Wasser auf eine bestimmte Temperatur ab, setzen sich die Elemente am Rand von Spalten ab und bilden miteinander verschiedene Mineralien. Die Spalten füllen sich dann mit Kristallen und man findet sie als Adern im Gestein. Mineralwasser, das an Quellen gezapft wird, ist übrigens auch Regenwasser, das auf seinem unterirdischen Weg Elemente gelöst und aufgenommen hat.

Entstehung von Mineralien durch hydrothermale Lösungen

Zinnober (Cinnabrit) besteht aus zwei der giftigsten Elemente, die es gibt: Schwefel und Quecksilber. Die Alchimisten, die Forscher des Mittelalters, versuchten Schwefel und Quecksilber zu Gold zu machen. Das hat nicht geklappt, denn Gold ist ein eigenständiges Element. Aber dafür kann man schon seit 500 Jahren Zinnober künstlich herstellen, um daraus rote Farbstoffe zu machen. Außerdem trennte man das Quecksilber vom Schwefel, um damit Spiegel herzustellen.

Zinnober

Auripigment ist auch ein sehr giftiges Mineral, weil es aus Arsen und Schwefel besteht. Es bildet sich meist aus dem rubinähnlichen Mineral Realgar. Obwohl bereits die alten Römer von seiner Giftigkeit wussten, wurde es trotzdem seit der Antike als gelber Farbstoff benutzt. Heute werden Farben eigentlich nur noch in Fabriken künstlich hergestellt.

Auripigment

TALKSTEINBRUCH

„Talk ist ein sehr vielfältiges Mineral", erklärte Miguel, kramte in der Tasche und holte eine halbfertige kleine Skulptur hervor. „Das ist Speckstein, ein Gestein, das hauptsächlich aus dem sehr weichen Mineral Talk besteht. Es wird in einem Steinbruch, der gleich hinter der nächsten Kurve liegt, abgebaut," fuhr Miguel fort. Mit einer Feile zeigte er den beiden, wie leicht sich der weiche Stein bearbeiten ließ.

„Oh, das möchte ich auch machen!", rief Sophie. Daraufhin reichte ihr Miguel ein unbearbeitetes Stück Speckstein. Sophie bedankte sich und rannte los, um aus der Werkzeugkiste eine Feile zu holen.

SPECKSTEIN-
STEINBRUCH

Specksteinkatze
Ägypten

SPECKSTEIN

Doch als sie die Feile endlich gefunden hatte und zurückkam, war Miguel bereits gegangen.

„Er hat uns die Specksteine geschenkt", sagt Tom. „Aber wenn ich ihn richtig verstanden habe, ist der Steinbruch wohl irgendwo die Straße hoch."

„Oh, lass uns das anschauen!", rief Sophie begeistert und, vom Entdeckergeist gepackt, machten sie sich auf die Suche. Bereits nach kurzer Zeit sahen sie den Steinbruch schon von der Straße aus. Gespannt näherten sie sich dem Gelände, doch ein hoher Zaun versperrte ihnen den Zutritt.

„Wie schade!", sagte Sophie traurig und wollte schon umkehren, als Tom eine schmale Felsspalte entdeckte, die in den Berg führte. Für einen Erwachsenen war diese Spalte viel zu eng, aber Tom und Sophie glitten mühelos hinein. Was sie in der Höhle sahen, nahm ihnen den Atem: Sie standen in einem System aus niedrigen, rund ausgeschabten Gängen. Es erschien ihnen, als wären sie plötzlich geschrumpft und in die grünweiße Kernseife auf dem Waschtisch ihrer Großmutter geraten, denn alles um sie herum wirkte genauso weich und glatt wie Seife. „Jetzt verstehe ich, warum Speckstein in anderen Sprachen Seifenstein heisst, wie Miguel mir erzählt hat, als du die Feile gesucht hast", sagte Tom.

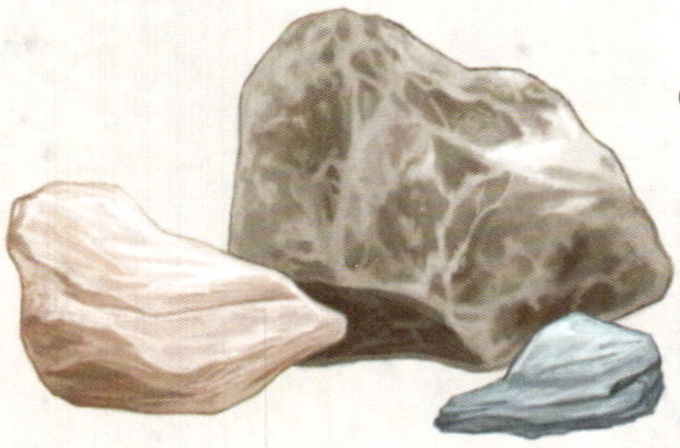

Speckstein kann ganz unterschiedliche Farben annehmen, von schwarz bis weiß.

Aus Kalk wird Talk

Talk kann entstehen, wenn hydrothermale Lösungen, die viel von dem Element Silizium enthalten, durch magnesiumreiches Kalkgestein fließen und sich in Ritzen verbreiten. Das kann zum Beispiel dort passieren, wo siliziumreiches Magma aus dem Erdinneren an die Erdoberfläche dringt. Das Kalkgestein verändert sich durch die Elemente im Wasser und wird zu Talk.

EINE NEUE SPUR

Der Boden knirschte unter ihren Füßen. So weich und glatt diese Felsen auch aussahen, sie waren eindeutig so kalt wie Stein und rochen auch danach. Staunend folgten sie dem einfallenden Licht, als Tom wieder verblasste Schriftzeichen entdeckte. Einige Worte waren auf den Talkstein geschrieben, andere Zeichen auf den für die Küste typischen Kalkstein, der vereinzelt aus der Gewölbedecke hervorschaute.

Steatit

Speckstein (Steatit) ist ein Gestein, das hauptsächlich aus Talk besteht. Je nach Begleitmineralien und Verunreinigungen ändert sich die Farbe von grünlichweiß über rötlich bis grauschwarz.

Halbfertige Schüssel aus Speckstein

Ob sie von demselben Jungen stammten, wie in der anderen Höhle unten am Meer? Sophie machte ein Foto mit ihrem Handy, als Tom von weiter vorne rief, dass der Gang leider nicht in den Steinbruch führe. Trotzdem zufrieden, diese beeindruckende Höhle entdeckt zu haben, nahm jeder noch einen kleinen Speckstein als Andenken mit. Dann machten sie sich auf den Weg zu Miguel, der am Strand bei seiner Angel saß.

NICHT VERWECHSELN

Neben Speckstein gibt es zwei weitere Gesteinsarten, die von Bildhauern und Künstlern seit langem genutzt werden: Alabaster, eine feinkristalline Varietät des Minerals Gips, also eigentlich ein Mineral und Marmor, ein Kalkgestein, das hauptsächlich aus Calcit und Dolomit besteht.
Diese drei können sich manchmal ganz schön ähnlich sehen.

Mineralien können durch Verdunstung von Meerwasser entstehen. Man nennt sie Evaporite, denn Evaporieren ist das Expertenwort. Wenn dies am Meer passiert, bildet sich meist zuerst Kalkstein, dann Gips und zuletzt Salz.

1 *Salz*
2 *Gips/Alabaster*
3 *Kalk*

ALABASTER

Alabaster fühlt sich samtig und warm an und kann nur für Innenräume genutzt werden, weil er nicht wetterfest ist. Er entsteht in Küstenregionen, wenn kleine Meerwasserbecken nicht mehr von der Flut gefüllt werden. Das Wasser darin verdampft, wenn es warm ist, wie das Wasser im Kochtopf. War in dem Wasser nur aufgelöstes Salz, also die Elemente Natrium und Chlor, dann bildet sich eine Salzkruste am Boden. Waren im Wasser auch die Elemente Kalzium und Schwefel aufgelöst, dann bleibt Gips zurück und manchmal in der Form von Alabaster.

MARMOR

Marmor fühlt sich kalt und hart an. Um ihn zu bestimmen, geben Geologen etwas verdünnte Salzsäure darauf, da er dann sprudelt. Er entsteht, wenn heißes Magma aus dem Erdinnern in Kalkgestein eindringt. Dabei wird das Kalkgestein so heiß, dass es fast schmilzt und sich dadurch verändert. Er entsteht auch, wenn Kalkstein unter hohen Druck kommt, weil sich ein Gebirge darüber bildet.

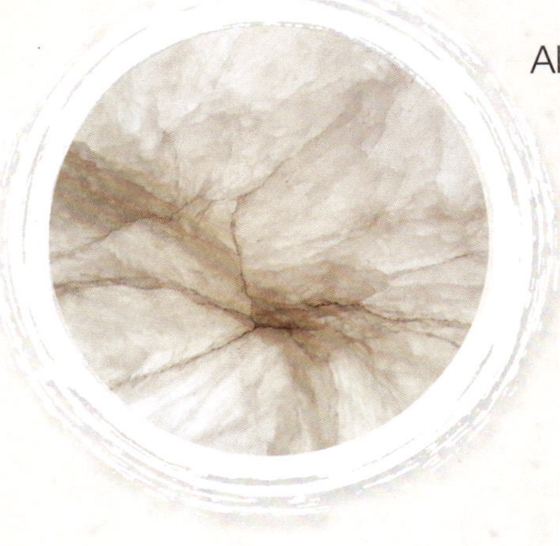

Alabaster

Marmor

Tempeldekoration aus Speckstein

FEUERFEST

Noch in den ersten Jahrzehnten des 20. Jahrhunderts haben Bauern im Val de Bagnes in der Schweiz im Winter ihren Lebensunterhalt in den Talkstollen von Carrière de Bocheresse aufgebessert. Das taten sie gar nicht ungern, denn in den Stollen war es wärmer als draußen und die Arbeit mit dem leichten Material war nicht allzu schwer. Es ist weich und lässt sich mit einfachen Werkzeugen bearbeiten. Aus dem Speckstein wurden hauptsächlich, die, für die Gegend berühmten, Öfen hergestellt, weil Speckstein nicht nur leicht zu bearbeiten, sondern auch feuerfest ist. Außerdem machte man daraus Töpfe und Schüsseln, denn wasserdicht ist er auch.

ISOLIEREND

Eine besonders nützliche Eigenschaft von Talk ist, dass er nicht elektrisch leitet. Deshalb findet man ihn beispielsweise in den Isolatoren der Überlandleitungen. An ihnen werden die stromführenden Kabel befestigt, um den Strom vom Kraftwerk über weite Strecken zu jedem Haus zu liefern.

Talk wird bei der Papierherstellung verwendet, um die Papieroberfläche glatter zu machen.

Auch Schneiderkreide ist aus Talk. Dadurch lässt sie sich leicht entfernen.

Die 30 Meter hohe Christusfigur auf dem Zuckerhut in Brasilien hat eine Oberfläche aus Specksteinteilchen.

Hautpflege

Früher wurde Talk als Babypuder verwendet, um den Popo trocken zu halten. Heute befürchtet man, dass die Kinder das Puder einatmen und daran ersticken könnten und so wird es weniger genutzt. Für Gesichtspuder verwendet man aber weiterhin Talk.

GRAFIT

Sophie und Tom saßen mit Miguel am Strand, aßen belegte Brote und erzählten von ihrem Spaziergang zum Steinbruch.
Da brummte das Telefon mit einer Nachricht ihrer Mutter: „Hallo ihr beiden. Ist alles ok bei euch? Bei uns gibt es noch nichts Neues, wir warten auf die Röntgenbilder."
„Das dauert ja dann noch, da kann ich ja weiter schnitzen", meinte Sophie.
Sie nahm ihren Rucksack, um die Feile herauszuholen. „Mist, der Reißverschluss geht nicht auf, er klemmt."
„Lass mal sehen", kam Tom seiner Schwester zu Hilfe und nahm ihr den Rucksack ab.
Er zog und zerrte am Reißverschluss, aber der bewegte sich nicht.
Schließlich gab auch er entnervt auf.

EIN SUPER SCHMIERMITTEL

Ihr müsst einen Bleistift benutzen", riet Miguel, der die Kinder belustigt beobachtet hatte. Er nahm einen Bleistift aus seiner Tasche und malte damit über den Reißverschluss des Rucksacks. Dann zog er den Schieber ein paarmal vor und zurück und auf einmal ließ sich der Verschluss geschmeidig aufziehen. „Grafit ist ein sehr gutes Schmiermittel", erklärte Miguel.

„Tja, gewusst wie, vielen Dank", sagte Tom. „Was ist Grafit eigentlich?"

„Das ist auch ein Mineral. Nicht weit von hier gibt es sogar eine kleine alte Mine. Kommt mit, ich zeige sie euch", sagte Miguel. Sie liefen ein Stück den Strand entlang und schlugen dann einen Feldweg ein. Schließlich blieb Miguel vor einer Felswand stehen, die sich durch ihre grauweißen und dunklen Streifen von dem sonst weißen Kalkstein der Umgebung absetzte.

„Der Fels sieht ja toll aus! Wieso ist der so gestreift?", fragte Sophie.

„Die dunkle Schicht war mal Ton und das Weiße ist aus abgelagerten Meerestieren entstanden. Der eine schwarze Streifen hier besteht dagegen aus abgestorbenen Pflanzen. Durch immer neue Schichten Ton und Kalk wurden diese Pflanzen immer mehr zusammengedrückt. Dadurch entstand zuerst Kohle und durch noch mehr Druck Anthrazit. Aus dem Erdinneren hat dann aufsteigendes Magma die Gesteinsschichten zusätzlich erhitzt und dadurch wurde aus Anthrazit Grafit."

Er nahm sein Messer und schabte etwas von dem Gestein aus der schimmernden Schicht. „Grafit ist ein sehr weiches Mineral", sagte er und gab beiden Kinder etwas davon. „Wie leicht es ist", staunte Sophie und betrachtete die schimmernden Spuren, die das Mineral auf ihrer Hand hinterließ.

Illustratoren bevorzugen weiche Bleistifte, technische Zeichner entscheiden sich eher für die harten Stifte.

„Und das ist jetzt das Material, das in Bleistiften ist?“, fragte Tom. „Fast, denn der Grafit wird auch noch mit Ton gemischt. So kann man die Stifte weicher oder härter machen. Weiche Minen enthalten mehr Grafit“, erklärte Miguel.

Etwas weiter den Weg hinauf fanden sie den Eingang der verlassenen Mine, der mit brüchig aussehenden Stützbalken gesichert war. „Da ist der Eingang, lasst uns hineingehen!“, rief Sophie ganz aufgeregt.

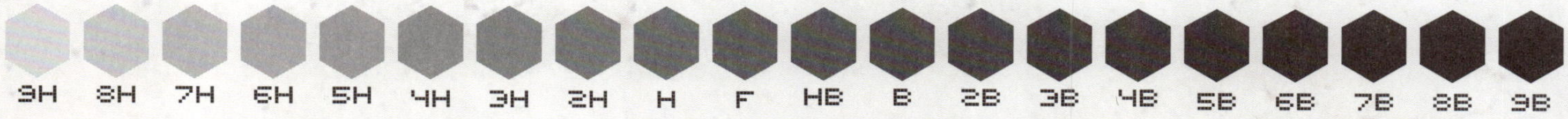

Härte	Erscheinungsbild	Verwendung
9B bis 4B	sehr weich und sehr schwarz	künstlerisches Zeichnen
3B bis B	weich und schwarz	skizzieren
HB oder F	mittelhart und mittelschwarz	schreiben
H bis 5H	hart und hell	technisches Zeichnen
6H bis 9H	sehr hart und sehr hell	Kartografie

IN DER GRAFITMINE

Sie zwängten sich vorsichtig zwischen den Stützbalken hindurch ins Innere der Mine. Ganz geheuer war es Sophie dabei nicht. Sie bemerkte gleich, dass das weiße Gestein entlang des Bodens auf magische Weise glitzerte und als sie sich hinunterbeugte, entdeckte sie, dass an jede Schicht etwas geschrieben stand.

„Ganz unten Marmor, darüber Grafit, dann Hornfels tonig …, ähm, wieder Hornfels kalkig", las Miguel auf Sophies Bitte vor. Unterschrieben war die Nachricht wieder mit Saddi.

„Das ist schon die dritte Nachricht, die wir von diesem Saddi gefunden haben. Das muss doch etwas bedeuten!", meinte Tom. „Ich mache auf jeden Fall ein Foto davon."

Gesteinsschichten

Gestreifte Felsen sind wie ein Kapitel im Buch der Erdgeschichte. Sie erzählen wie die Erde hier in der Vergangenheit ausgesehen hat. Bestehen die Schichten aus Sand, war hier vor Jahrmillionen eine flache Meeresküste. Sind die Schichten aus Kalk, war hier ein warmes Meer, in dem die Kalkschalen toter Meerestiere am Meeresgrund aufgeschichtet wurden. Mit der Zeit türmten sich immer mehr Schichten auf und Sand und Schalen wurden durch kalkhaltiges Wasser verkittet und zu Stein zusammengedrückt. Die ältesten Schichten befinden sich unten, die jüngsten oben.

„Mein Urgroßvater hat als Kind hier noch Grafit geschürft. Wenn ihr wollt, erzähle ich euch seine Geschichte", sagte Miguel.

„Ja, bitte, erzähl", kam es von Sophie und Tom wie aus einem Mund.

GRAFIT IST KEINE KOHLE

Grafit entsteht unter besonderen Umständen aus abgestorbenen Pflanzen. Tote Pflanzen knicken um und fallen zum Beispiel in einen See. Am Seeboden ist wenig Luft. Das Holz wird kaum zersetzt, da die dafür notwendigen Mikroorganismen auch Luft brauchen. So wird es mit der Zeit von immer mehr Schlamm bedeckt. Die Pflanzen bestehen hauptsächlich aus den Elementen Kohlenstoff (C), Wasserstoff (H) und Sauerstoff (O). Je mehr Schlamm und Sand sich über den toten Pflanzen ablagert, desto mehr Sauerstoff und Wasserstoff wird mit der Zeit herausgequetscht. Zuerst bildet sich Torf, daraus dann Braunkohle und dann Steinkohle. Wenn die Pflanzen in mehreren Kilometern Tiefe begraben sind, ist von ihnen kaum mehr als Kohlenstoff übriggeblieben und aus der Steinkohle wird Anthrazit. Das dauert aber alles sehr lange. Torf braucht zur Entstehung einige tausend Jahre, Braunkohle einige Millionen Jahre. Steinkohle und Anthrazit entstanden hauptsächlich vor etwa 300 Millionen Jahren. Diese geologische Zeitepoche wird Karbon genannt, was übrigens Kohlenstoff auf Englisch heißt. Zu der Zeit gab es die Pilzart noch nicht, die Holz zersetzen kann. Die Kohle besteht also aus dem Kohlenstoff, den die Bäume aus der damaligen Atmosphäre aufgenommen haben. Daher nennt man sie fossile Brennstoffe.

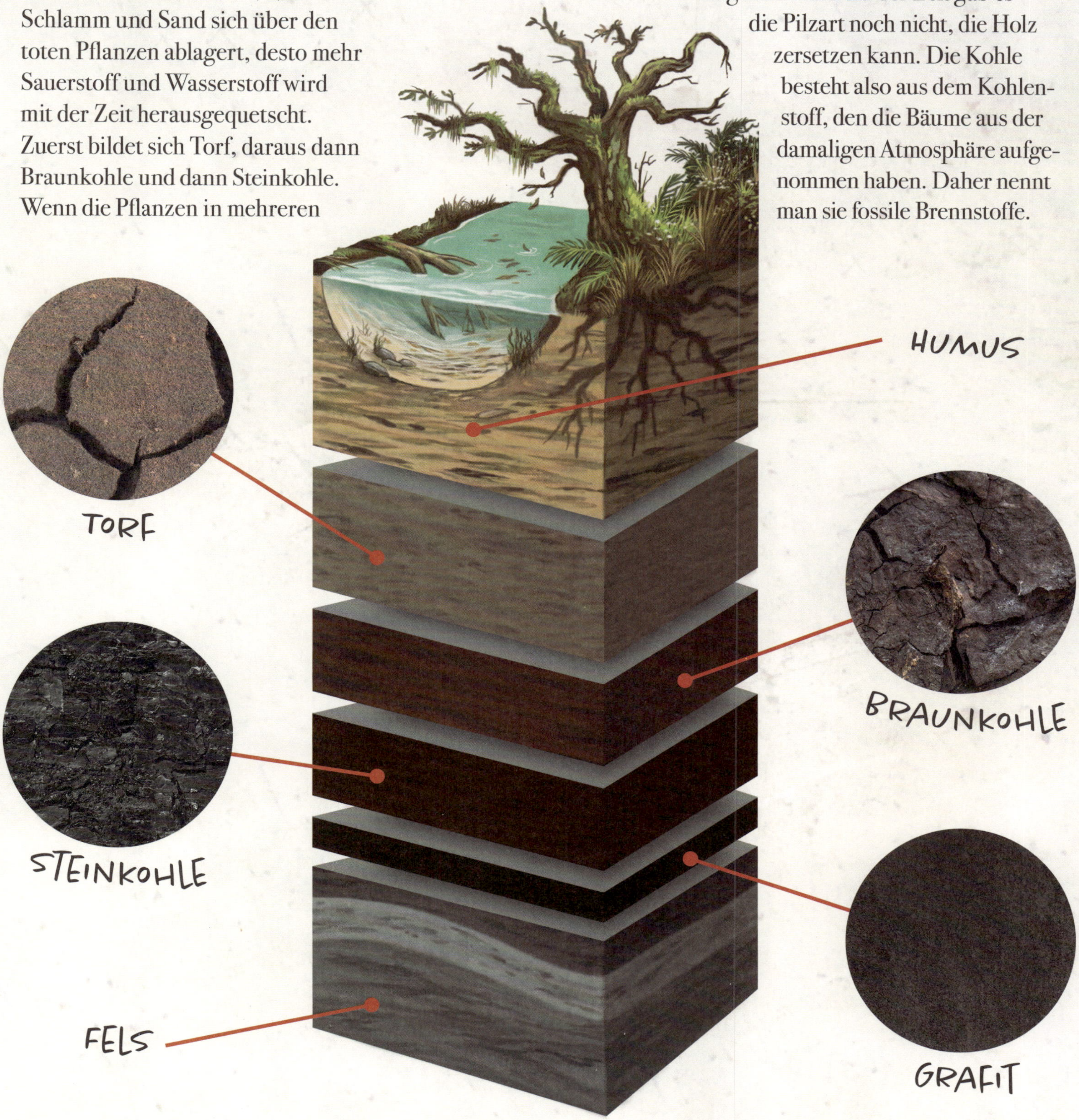

HARTE ARBEIT

Miguel begann mit der Geschichte seines Urgroßvaters: „Es gab damals eine großen Dürre. Die Sonne hatte die Feigen- und Olivenbäume ausgedörrt und Ungeziefer machte sich über die wenigen Früchte her, bevor sie geerntet werden konnten. Die Familie hatte nichts zu essen und die Kinder mussten auch Geld verdienen. Der älteste Bruder meines Urgroßvaters machte hübsche kleine Figuren aus Marmor, die sich gut verkaufen ließen. Mein Urgroßvater musste dagegen in der Grafitmine arbeiten. Jeden Tag kratzte er Grafit aus dem Berg, das für die Herstellung von Bleistiften, Töpfen und zum Färben genutzt wurde. Grafit zu schürfen war nicht sehr anstrengend, aber manchmal mussten große Brocken aus dem Nebengestein geschlagen werden und das war dann Schwerstarbeit. Was ihn trotz der Mühe antrieb, war seine Liebe zu den Mineralien und ein Geheimnis. Bei der Arbeit fand er manchmal Edelsteine, wie Granate.

Das erzählte er aber niemandem, sondern hielt sie versteckt. Wenn seine Mutter besonders verzweifelt war, tat er so, als hätte er gerade einen dieser wertvollen Steine gefunden – dann konnte sie wichtige Anschaffungen machen."

Sophie und Tom schwiegen betreten. Miguel unterbrach die Gedanken der Kinder. „Wenn ihr noch Luft habt und mit mir auf den Berg steigt, können wir von oben etwas Ton mitnehmen. Ich zeige euch dann später, wie man Bleistifte macht. Dafür brauchen wir einen kleinen Brennofen und Feuer."

STEINPICKEL

In früheren Zeiten wurde mit einfachsten Mitteln Bergbau betrieben.

GRAFIT

GENIALE EIGENSCHAFTEN

Grafit hat sehr viele nützliche und spannende Eigenschaften: Je nachdem von welcher Seite man den Kristall nutzt, ist er sehr fest oder zerbröselt, gibt Wärme gut weiter oder nicht. Leitet elektrischen Strom gut oder gar nicht.

Gitterstruktur

Grafit besteht nur aus dem Element Kohlenstoff. Die Atome sind zu Sechserringen angeordnet und bilden Schichten. Dieses besondere Atomgitter ist der Grund für die speziellen Eigenschaften des Grafits.

GRAFIT GITTERSTRUKTUR

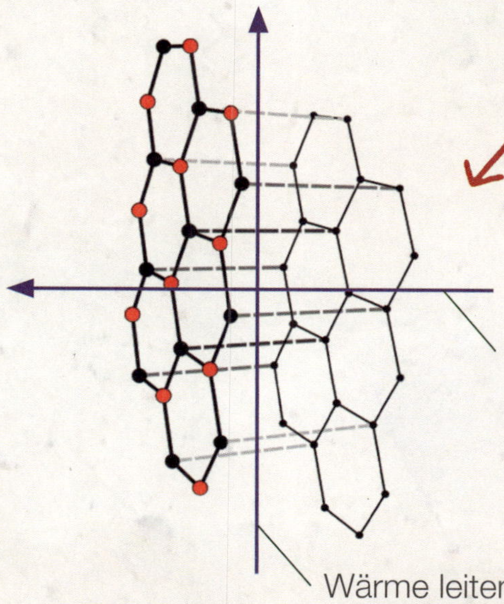

isolierend, sperrend, stabil

Wärme leitend, elektrisch leitend, gleitend

Wichtige Teile in Lithiumbatterien sind aus Grafit.

KOHLENSTOFF

Forscher haben durch den inneren Aufbau des Grafits vieles über die Natur gelernt und tolle Erfindungen damit gemacht. Zum Beispiel wurde kohlenstofffaserverstärkter Kunststoff (Carbon) nach seinem Beispiel entwickelt, um leichte, aber sehr robuste Dinge zu bauen, wie Rotorblätter von Windkraftanlagen oder Leichtbauflugzeuge.

FASERVERSTÄRKTE KUNSTSTOFFE

TON UND PORZELLAN

Zurück am Wohnmobil zeigte Miguel den Kindern, wie man Bleistiftminen herstellt. Dazu benötigten sie neben Grafit auch Ton, den sie vom Berg der Mine mitgebracht hatten. Für die Bleistiftminen rieben sie etwas Grafit und Ton zu Pulver und vermischten es mit Wasser zu einem Brei, den sie vorsichtig durch ein Bambusröhrchen drückten, um kleine Stangen daraus zu fertigen. Dann formten sie noch einen kleinen Ofen aus Ton, den sie mit ihren Grafitminen an ein kleines Feuer zum Brennen legten. Aus dem restlichen Ton stellten sie kleine Schüsseln her, die sie ebenfalls brennen wollten.

TON

Miguel warnte jedoch: „Die Tonschüsseln müssen erstmal an der Luft trocknen, bevor sie gebrannt werden können, sonst gehen sie in der Hitze kaputt. Dazu grub man früher ein Loch in die Erde und legte es mit Steinen zu einer geraden Fläche aus. Dann machte man Feuer darin und legte die Rohlinge, also den frisch geformten Ton dicht um das Feuer herum, um sie langsam zu erwärmen. Wenn das erste Feuer ausgegangen war, legte man alles auf die heißen Steine in der Grube, entzündete darüber ein zweites Feuer und brannte alles, bis auch das zweite Feuer ausging. Diese Technik sorgte dafür, dass der Ton nicht erschrak und riss."
Während Tom sich den Ton von den Fingern rieb, fragte er: „Wie kann das eigentlich sein? Wie wird aus einem Gemisch aus Ton und Wasser ein fast wasserdichter, fester Topf?"
„Ton besteht aus weichen Mineralien. Ihre Kristalle sind ähnlich wie Grafit aus Atomschichten aufgebaut, wobei einige Schichten Wasser beinhalten. Werden die Mineralien gebrannt, entweicht das Wasser, die innere Ordnung der Kristallgitter wird zerstört und muss sich neu sortieren. Stellt euch einen Turm aus Bauklötzen vor, der in jeder vierten Bauklotzschicht ein paar besondere Klötze eingebaut hat, die herausgenommen werden sollen. Damit der Turm nicht zusammenfällt, müssen andere Klötzchen aus der Struktur verschoben werden. So ähnlich ist das auch mit den Tonmineralien."

Glasur

Um Gefäße aus Ton wasserdicht zu machen, muss man sie nach dem Brennen mit einem flüssigen Mineralgemisch bestreichen, das durch erneutes Brennen zu Glas wird und Poren verdichtet. Daher der Begriff Glasur.

Kosmetik

Schon von der ägyptischen Königin Kleopatra ist überliefert, dass sie sich im Gesicht Masken aus Ton auftragen ließ, um ihre Schönheit zu erhalten.

GOETHITE

GIBBSIT

MONTMORILONITE

„Das war dann ja wirklich eine tolle Entdeckung", überlegte Sophie.

„Und auch sehr wichtig", ergänzte Miguel. „Ton ist eine der ersten großen Entdeckungen der Menschheit. Vorher nutzten die Menschen Behälter aus anderen Materialien, um Wasser zu transportieren. Sie verwendeten zum Beispiel Tierhörner, Schläuche aus Tierhäuten oder Kürbisschalen. Tongefäße sind aber aus vielen Gründen praktischer. Man kann einem Behälter die gewünschte Form und Größe geben. Außerdem kann man darin Gemüse und Fleisch aufbewahren und kochen. Das schmeckt besser und hält auch länger."

1 Tonbrocken aus der Erde
2 in Wasser gelöster Ton
3 Pflanzenreste
4 Steine
5 fertiger Ton

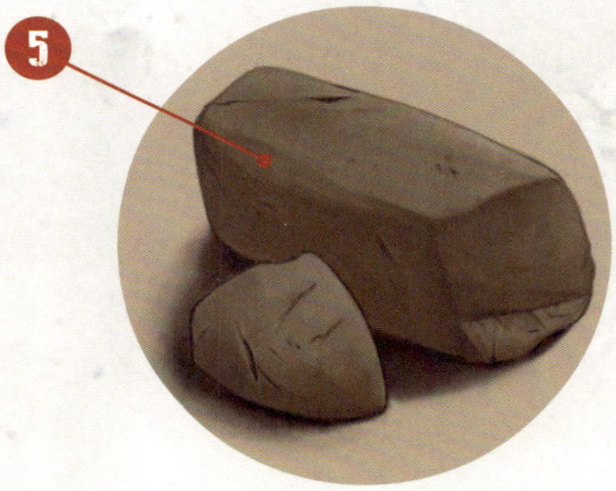

Tonherstellung

Frischer Ton muss zunächst gereinigt werden. Früher gab man ihn dazu in eine Grube mit viel Wasser. Steine sanken zu Boden, leichtere Gräser und Samen schwammen oben auf. Beides konnte man daraufhin absammeln.

Schnurkeramik

Schon vor über 4.000 Jahren haben Menschen Tongefäße hergestellt und verziert. Dazu drückten sie Schnüre in den weichen Ton, bevor dieser gebrannt wurde.

PORZELLAN

Ton ist ja braun, sind dann alle unsere weißen Teller lackiert?", fragte Sophie.
„Die sind dann wahrscheinlich aus Porzellan. Das ist aus anderen Mineralien als der braune Ton", erklärte Miguel. „Porzellan besteht hauptsächlich aus einem Gestein, das Kaolin heißt. Es fühlt sich an wie Ton, ist aber weiß und die Verarbeitung ist aufwendiger."

1 Wasser
2 Pulver aus Kaolin, Quarz und Feldspat
3 Porzellanmasse
4 Gussform
5 getrockneter, bemalter Rohling

Porzellan

Um Porzellan herzustellen, werden die Mineralien zu einem Pulver gemahlen, mit Wasser vermischt und dann in Formen gegossen. Nachdem die Masse getrocknet ist, kommt sie mehrfach in den extrem heißen Ofen.

Weißes Gold

Porzellan wurde um das Jahr 1 n. Chr. in China erfunden. Das Rezept und die genauen Arbeitsschritte waren Jahrhunderte lang streng geheim. In Europa gelang es erst im 18. Jahrhundert das begehrte Porzellan, das sogenannte weiße Gold herzustellen.

KAOLIN

ZAHNERSATZ

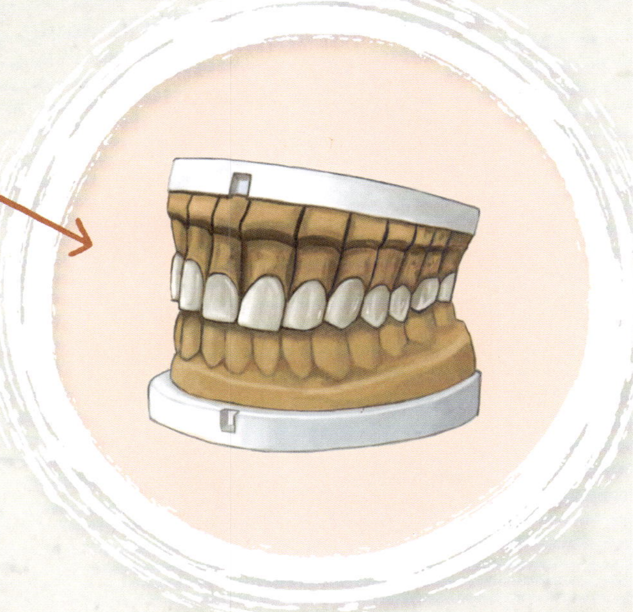

In der Medizin wird Porzellan für den Ersatz von Zähnen verwendet, weil es den natürlichen Zähnen sehr ähnlich ist. Es wird aber auch für den Ersatz von Hüftgelenken eingesetzt, da Porzellan sehr glatt ist und sich kaum abnutzt, somit muss nicht so oft operiert werden.

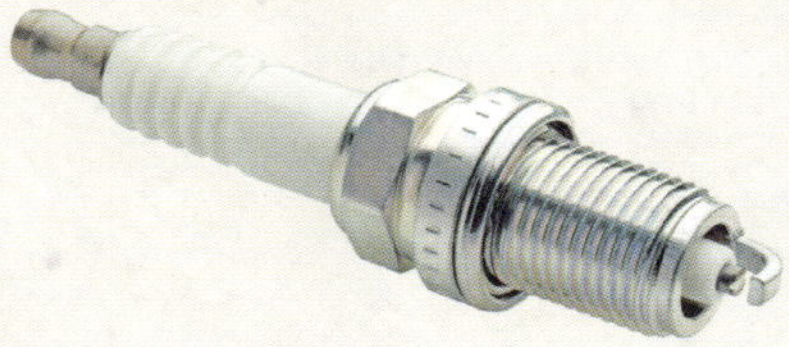

Zündkerze

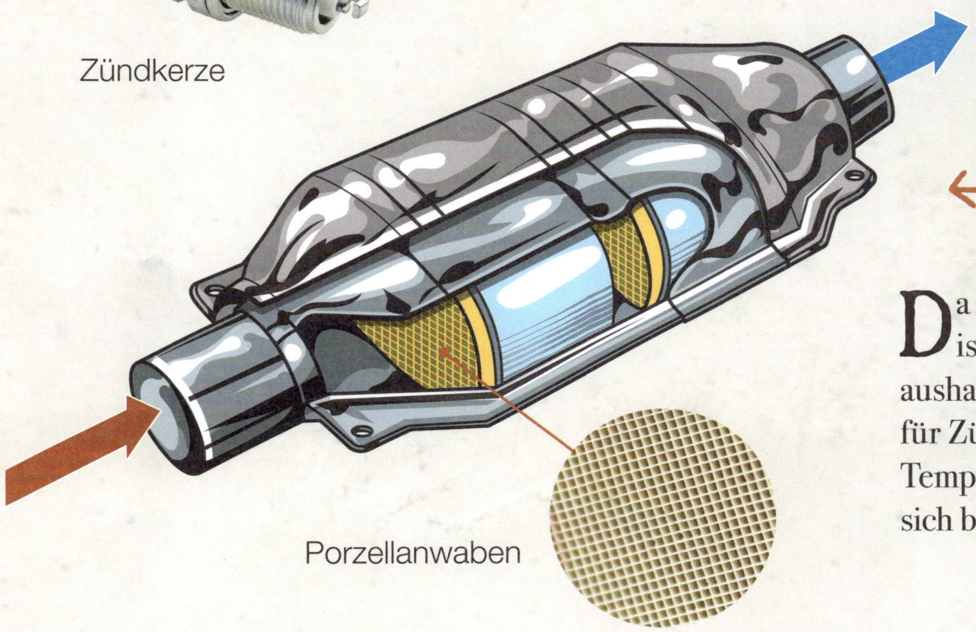

KATALYSATOR

Da Porzellan auch ein guter Isolator ist, der sehr hohe Temperaturen aushalten kann, wird er zum Beispiel für Zündkerzen verwendet. Die gute Temperaturbeständigkeit macht man sich bei Katalysatoren zunutze.

Porzellan wird auch beim Hausbau benutzt, meist im Badezimmer für Fliesen, Waschbecken und Toiletten, da es sich sehr gut reinigen lässt und lange hält.

SANITÄRPORZELLAN

ACHAT
AMETHYST
BERGKRISTALL
ROSENQUARZ
JASPIS

QUARZ

„Und dann ist da ja noch Glas“, überlegte Sophie. „Woraus ist das eigentlich?“ „Ich hab mal gehört, dass Glas aus Quarz gemacht wird“, sagte Tom. „Aber sind das nicht auch Steine? Wie kann Glas dann durchsichtig sein?“

RAUCHQUARZ

CITRIN

AVENTURIN

CHALCEDON

TIGERAUGE

GESCHMOLZENER SAND

„Oh, dazu habe ich vor langer Zeit eine Geschichte gehört“, sagte Miguel und die Kinder hörten gebannt zu. „Man erzählt sich, dass vor langer Zeit phönizische Händler eines Abends ihr Lager an einem Strand aufschlugen. Sie fanden keine geeigneten Steine, um ihr Lagerfeuer zu sichern. So nahmen sie schließlich von dem Karren mit ihrer Ware einige Sodabrocken, die sie eigentlich verkaufen wollten. ‚Es sind auch Steine‘, dachten sie wohl, ‚die brennen ja nicht.‘ Dabei vermischte sich etwas bröckeliges Soda mit dem Quarzsand vom Strand. Die Händler entzündeten das Lagerfeuer und machten wenig später eine aufregende Beobachtung: Zwischen den Brocken floss eine glühende Flüssigkeit hervor, die zu seltsam schimmernden Tropfen erstarrte. Ganz offensichtlich war der Quarzsand geschmolzen.“
„Aber wie konnte das sein?“, fragte Tom. „Das ist mir beim Lagerfeuer am Strand noch nie passiert!“
„Genau“, sagte Miguel. „Es war das Soda, das sich mit dem Quarz vermischt und einen neuen Stoff gebildet hatte, der bei viel niedrigeren Temperaturen schmolz.“

Phönizier

Die Phönizier lebten etwa 1.000 Jahre v. Chr. im Gebiet der heutigen Staaten Libanon, Syrien und Israel. Sie waren Händler und Seefahrer und verkauften ihre Waren im gesamten Mittelmeerraum. Sie handelten mit Wein, Textilien, Holz, Ölivenöl und Elfenbein sowie Zinn, Kupfer und auch Soda.

Soda

Soda ist ein Mineral, das zur Lederherstellung, aber auch als Wasch- und Bleichmittel gebraucht wurde. Es ist, wie Talk, sehr weich und zerbröselt leicht.

SODAVORKOMMEN

Im Krater Emi Koussi (Tibesti, Tschad) befindet sich ein natürliches Sodavorkommen.

GLASBLÄSER

Seit Jahrhunderten werden mit einem Rohr, der Pfeife, etwa faustdicke Schmelztropfen aus dem Schmelzofen entnommen. Der Glasbläser dreht und rollt den Tropfen zu einem gleichförmigen Oval. Schließlich bläst er durch die Pfeife einen Hohlraum hinein, bis er zu einer feinen Blase geworden ist. Die noch weiche, aber zähe Blase kann dann zu einer Karaffe, einer Skulptur und vielem mehr geformt werden.

GLAS

Heute werden Glasflaschen komplett von Maschinen hergestellt. Aus einem großen Schmelztiegel werden Tropfen mit glühender Glasschmelze in eine Form gegeben. Anschließend wird Luft hineingepresst, sodass sich die Schmelze an die Innenwand der Form legt und erstarrt. Die Form öffnet sich wieder und fertig ist die neue Glasflasche.

NEUE GLASFLASCHEN

UNDURCHSICHTIGES GLAS

Viele Dinge, die wir täglich nutzen, werden heute aus Glas gemacht. Manchen kann man das überhaupt nicht ansehen, wie zum Beispiel dem Glasfasergewebe. Es sieht aus wie ein weißes, grob gewebtes Tuch und fühlt sich ganz seidig an. Es besteht aus vielen extrem dünnen Glasfäden, die wie Garn miteinander verdrillt und dann wie Tuch verwoben wurden. Bootsrümpfe, Vliesstoffe und Sportbogenpfeile werden daraus gefertigt.

Einzelne Glasfäden sind das Ausgangsmaterial für Glasfasermatten.

Glaswolle besteht aus Glasfasern. Sie wird beim Hausbau zur Wärmeisolierung verwendet. Wie ein Wollpullover hält sie die Wärme zwischen den Fasern. Außerdem kann Glaswolle nicht brennen.

Werden Glasfäden etwas dicker und reiner hergestellt, so kann man aus ihnen Kabel machen, über die man Informationen und Bilder schicken kann. Wurden früher Informationen mit Strom durch Kupferkabel oder per Funk übertragen, so verwendet man bei der Glasfaser Licht. Wenn man an einem Ende ein Lichtsignal eingibt, so kann man am anderen Ende, egal wie lang das Kabel ist, dieses Signal zur annähernd gleichen Zeit sehen, da es in Lichtgeschwindigkeit übertragen wird. Über Glasfasern werden die Fernsehbilder und auch das Internet ins Haus gebracht.

Bei einem geöffneten Bündel von Lichtleitern kann man an den Enden das Licht sehen, das auf der anderen Seite eingebracht wurde.

QUARZ IM ALLTAG

Dann ist Quarzsand ja eigentlich ganz viel wert, wenn man daraus Glas machen kann", überlegte Tom überrascht.

„Oh, nicht nur deswegen – er ist auch Rohstoff für Solarzellen und Computerchips."

„Aber das bedeutet ja, dass unsere Welt, wie sie heute ist, ohne Quarzsand nicht funktionieren würde! Computerchips sind ja fast überall drin, sogar in Waschmaschinen", staunte Tom.

„Und Quarzuhren – sind dann also auch aus Quarzsand – sonst würden sie ja nicht so heißen, oder?", fragte Sophie.

„Nein, Quarzuhren laufen mit Quarz, er gibt den Takt an, weil er durch den Strom einer Batterie kurz zusammengedrückt wird und dann wieder auseinandergeht. Das macht er so regelmäßig, dass diese Bewegung zum Antrieb des Sekundenzeigers genutzt wird. Das gleiche Phänomen wird in Piezoanzündern, nur umgekehrt, benutzt. Es ist wirklich ein Zaubermineral."

Da brummte das Telefon wieder. Es war eine Nachricht der Eltern. Der Vater würde einen Gips bekommen. Das sollte noch etwa eine Stunde dauern.

Taktgeber nicht nur in Uhren, sondern auch im Computer

„Ich muss wieder zu meiner Angel. Quarz bildet übrigens auch schöne Halbedelsteine. Die Klippen hier sind durchsetzt mit Adern. Hin und wieder kann man schöne Kristalle finden. Seid aber vorsichtig, wenn ihr in die Höhlen geht", riet Miguel und ging zum Strand hinunter.

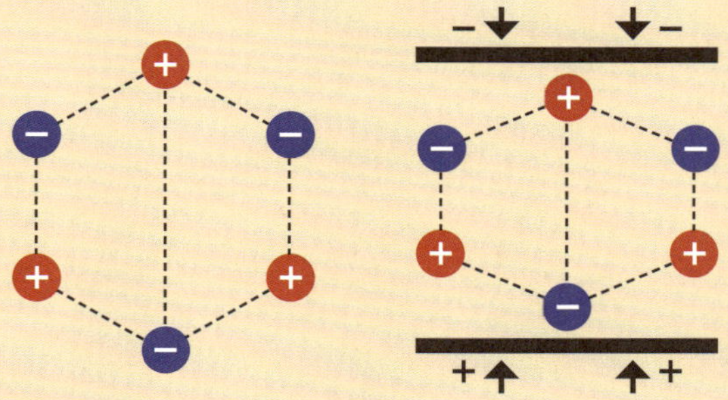

Ladung ohne Druck

Ladung mit Druck

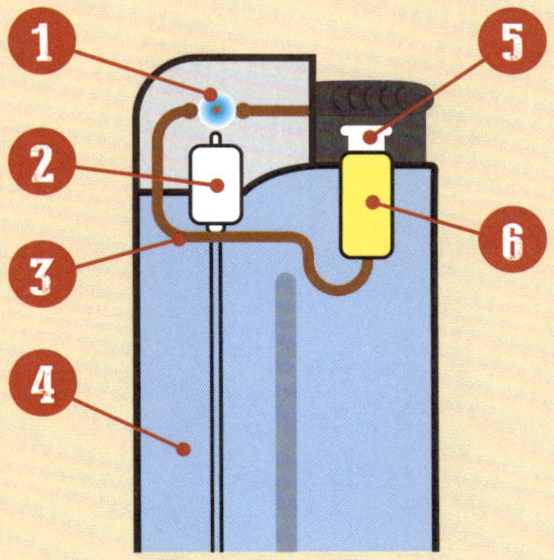

1 *Funke*
2 *Gasventil*
3 *Stromkreis*
4 *Gastank*
5 *Drücker*
6 *Piezoelement*

Piezoeffekt

In einem Quarzkristall haben Silizium- (Si) und Sauerstoffatome (O) ganz bestimmte Plätze und bilden unzählige Sechsecke. Die Siliziumatome sind positiv (rot mit „+"-Zeichen), die Sauerstoffatome sind negativ (blau mit „–"-Zeichen) geladen. Da sich die Atome abwechseln, ist der Kristall normalerweise neutral. Drückt man ihn aber zusammen, verschieben sich die Atome und plötzlich überwiegen auf der einen Seite die negativen und auf der anderen Seite die positiven Ladungen, wie bei einer Batterie. Verbindet man die beiden Seiten durch ein Kabel, kann man Strom fließen lassen und ihn zum Beispiel für ein Feuerzeug nutzen.

MINERALIEN BESTIMMEN

Mineralien können sich sehr ähnlich sehen, aber sie haben verschiedene Eigenschaften, die uns helfen sie auseinanderzuhalten. Man unterscheidet sie nach Härte, Glanz und Transparenz, Spaltbarkeit und Bruch, Fluoreszenz, Strich und Dichte.

TRANSPARENZ UND GLANZ

Ob ein Mineral durchsichtig, also transparent ist oder nicht, hängt vor allem von seinem Atomgitter ab. Auch Verunreinigungen, wie Wassertröpfchen, Staub oder Atome, die beim Wachsen des Kristalles mit eingebaut wurden, verändern die Transparenz.

Undurchsichtig/opak: Auftreffendes Licht wird nicht durchgelassen. Beispiele sind Gold, Silber, Pyrit und Magnetit.

GOLD

Durchsichtig: Das Mineral erscheint wie Fensterglas, hinter das Objekt gehaltene Gegenstände sind erkennbar. Beispiele sind Diamant, Calcit und Quarz.

DIAMANT

Durchscheinend: Licht scheint durch, wie durch einen klaren Apfelsaft. Hinter den Kristall gehaltene Dinge sind schlecht erkennbar. Beispiele sind Beryll, einige Feldspate oder Rosenquarz.

BERYLL

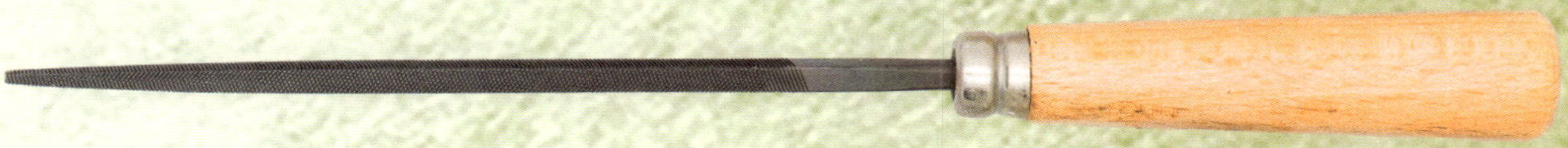

HÄRTE

Die Härte von Mineralien bestimmt man im Vergleich verschiedener Mineralproben zueinander. Man testet, welches Mineral das andere einritzen kann.

Diesen Versuch machte Friedrich Mohs (1773–1839). Er hat damit die Mohs-Skala definiert, die wir auch heute noch benutzen.

Härte	Mineral	Eigenschaften
1	Talk	mit dem Fingernagel schabbar
2	Gips	mit dem Fingernagel ritzbar
3	Calcit	mit der Kupfermünze ritzbar
4	Fluorit	mit dem Taschenmesser leicht ritzbar
5	Apatit	mit dem Taschenmesser noch ritzbar
6	Orthoklas	mit der Stahlfeile ritzbar
7	Quarz	ritzt Fensterglas
8	Topas	kann alles ritzen, außer Korund und Diamant
9	Korund	kann alles ritzen, außer Diamant
10	Diamant	kann alles ritzen

FLUORESZENZ

Wenn man Mineralien im Dunkeln mit einer UV-Lampe bestrahlt, kann man bei manchen ein Leuchten entdecken. Zuerst hat man dies am Mineral Fluorit entdeckt, deshalb nennt man dieses Phänomen auch Fluoreszenz.

Der gleiche Stein, links bei Tageslicht und rechts mit UV-Licht angestrahlt.

SPALTBARKEIT UND BRUCH

Es gibt Mineralien, die sich in perfekte kleine Bruchstücke mit glatten Flächen zerteilen lassen, wie zum Beispiel der Kalkspat. Die Endung Spat am Mineralnamen ist ein Hinweis auf gute Spaltbarkeit. Auch diese Mineraleigenschaft hängt vom inneren Atomaufbau ab und hilft bei der Unterscheidung von ähnlichen Mineralien mit anderer Spaltbarkeit. Die Spaltbarkeit wird in sechs verschiedene Stufen unterschieden: Abgestuft von *höchst vollkommen*, *vollkommen* über *gut*, *deutlich* bis hin zu *undeutlich/unvollkommen* und *keine*.

Lässt sich ein Mineral nicht gut spalten, dann kann es dafür eine charakteristische Art zeigen, abzubrechen. Die Bruchfläche kann splittrig, fasrig oder uneben sein oder einer Muschel ähneln. Die Art, wie ein Mineral bricht, kann daher auch als Bestimmungshinweis verwendet werden.

SPALTBARKEITSPROBE

MUSCHELIGER BRUCH

GEOLOGEN-HAMMER

DICHTE

Die Dichte eines Minerals wird üblicherweise im Labor ermittelt.

Bei gleicher Größe der Würfel ist der Würfel mit der höheren Dichte schwerer als der andere. Der Holzwürfel schwimmt, er beinhaltet viel Luft zwischen seinen Faser. Der Steinwürfel geht unter.

STRICHFARBE

Viele Minerale sind sich farblich so ähnlich, dass man sie anhand der Farbe nicht unterscheiden kann. Ein erster, einfacher Test zur Unterscheidung ist die Bestimmung der Strichfarbe. In der Mineralogie werden dazu sogenannte Strichtafeln aus unglasiertem Porzellan in schwarz oder weiß verwendet.

Die Strichfarbe eines Minerals ist die Farbe, die entsteht, wenn es über die Strichtafel gerieben wird. Der dabei entstehende Strich ist weiß oder farbig. Die Strichfarbe kann anders sein als die Farbe des Minerals. Pyrit hat die Strichfarbe Schwarz, Gold hingegen hat die Strichfarbe Gelbmetallisch.

Strichfarben von Pyrit und Gold

SUCHE NACH EDELSTEINEN

Die Kinder brachen sofort auf, um die Felsen nach den Quarzadern abzusuchen. Neugierig liefen sie bis zu der Höhle, in der sie die Pigmentmineralien gesammelt hatten, und entdeckten, dass die ganze Küste aus unzähligen Höhlen bestand. Begeistert begannen sie die Höhlen zu erkunden. Ihre Handys nutzten sie als Taschenlampen. Doch so einfach wollten sich die Quarzadern dann doch nicht finden lassen. Auch in der dritten Höhle hatten sie keinen Erfolg.

Als sie enttäuscht und schon ziemlich entmutigt auch diese wieder verlassen wollten, entdeckte Tom, versteckt hinter einem Felsvorsprung, erneut Schriftzeichen. Mit Fantasie entzifferten sie die Wörter: „STAIRWAYS – ANIMALIS – AUREUM“ stand da.

„Ähm, wenn ich mich nicht irre, sind das drei verschiedene Sprachen. STAIRWAYS ist Englisch und bedeutet Treppe, oder?“ fragte Sophie.

„Ja, und ANIMALIS könnte Italienisch oder auch Spanisch sein und klingt so ähnlich wie animals in Englisch, also Tiere.“

„Und AUREUM? Hört sich lateinisch an, aber was heißt das?“

„Ich glaube Gold, das steht im Periodensystem der Elemente über dem Gold. Aber warum ist das in verschiedenen Sprachen geschrieben?“

Schmucksteine gibt es in vielen Farben.

Edelsteine

Ob ein Mineral als Edelstein gehandelt wird, ist auch Modesache. Seit Langem werden Diamanten, Rubine oder Smaragde teuer verkauft. Als wertvollste Mineralien gelten heute aber auch schwarzer Opal, Alexandrit oder Musgravit.

„Vielleicht wollte Saddi, dass es von niemandem hier verstanden wird?“, spekulierte Tom. „Er hat so eine Art Geheimsprache benutzt.“
„Ja, du könntest Recht haben. Lass uns mal weitersuchen.“
Die Kinder wagten sich langsam tiefer in den Gang und suchten im Kegel ihrer Handylampen die Wände ab. Zu ihrer Überraschung führte der sandige Weg stetig bergauf. Es dauerte nicht lange und sie fanden einen weiteren Hinweis.

GESCHLIFFENER DIAMANT

Dicht unter der Höhlendecke standen wieder die Worte: STAIRWAYS – ANIMALIS – AUREUM.
„Vielleicht gibt es die goldenen Tiere ja wirklich und wir sind ihnen auf der Spur“, flüsterte Tom.
Da ging das Licht von Sophies Handy aus.
„Oh nein, jetzt ist mein Akku leer.“

MINERALIEN UND ENERGIE

Mein Akku ist auch fast leer. Lass uns zurückgehen, bevor wir hier im Dunkeln stehen", forderte Tom seine Schwester auf.
Er machte noch schnell ein paar Fotos und beide verließen eilig die Höhle.
Von Weitem sahen sie Miguel, der am Strand mit einem Fischernetz beschäftigt war.
„Hoffentlich kann Miguel uns helfen, die Akkus aufzuladen. Sonst kann Mama uns nicht erreichen!", rief Sophie besorgt und lief voraus, um Miguel zu erzählen, dass sie ihre Telefone dringend aufladen müssen. Daraufhin holte Miguel sein Fahrrad, das einige Meter weiter abgestellt war, und ging mit den Kindern zum Wohnmobil. Dort sollte Tom das Ladegerät für die Handys holen.
In der Zwischenzeit drehte Miguel sein Fahrrad um und stellte es auf den Sattel. Er zog die Kabel von der Lampe ab und führte sie in einen kleinen schwarzen Kasten, der bereits am Fahrrad befestigt gewesen war.

WINDKRAFT-ANLAGE

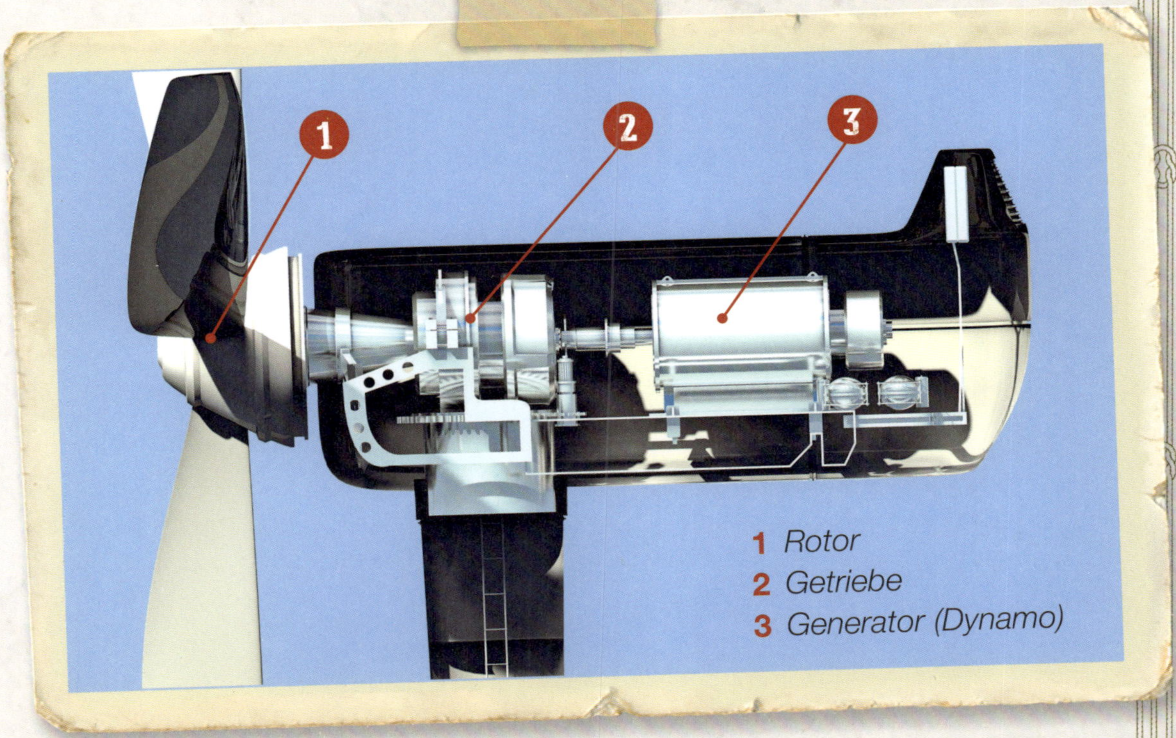

Egal, ob Energie aus Windkraft, Wasserkraft oder durch Kohleverbrennung gewonnen wird, immer wird ein Rad gedreht, dass mit einem Generator verbunden ist.

DYNAMO

„Wisst ihr wie ein Dynamo funktioniert?", fragte Miguel. Die Kinder schüttelten den Kopf. „In einem Dynamo befindet sich ein Magnet, der über einen Stahlstift mit dem Rädchen verbunden ist, das vom Fahrradrad gedreht wird. Der Magnet liegt freibeweglich in einem Ring aus aufgewickeltem Kupferdraht, der sogenannten Spule und einem U-förmigen Eisen. Dreht sich das Rädchen, wird über den Stift der Magnet in der Spule gedreht und erzeugt darin Strom.

Der Strom kann dann über ein Kabel zu den Lampen des Fahrrads geleitet werden. Das zweite Kabel führt zurück zum Dynamo und schließt den Stromkreis. Dieses schwarze Kästchen ist eine kleine technische Spielerei, ein selbstgebautes Ladegerät", erklärte Miguel. Er führte den USB-Anschluss des Ladegerätes auf der anderen Seite des Kästchens ein und bedeutete Tom, die Pedale in gleichmäßigem Tempo zu drehen.

„Ich seh das Batteriezeichen leuchten!", rief Sophie. „Nicht aufhören zu drehen. Wenn Tom müde wird, musst du ihn ablösen. Ich komme gleich wieder", sagte Miguel.

Magnete

Starkmagneten können z. B. aus einem Gemisch aus den Elementen Neodym, Eisen und Bor sein, die aus Mineralien gelöst werden. Sie werden in Elektromotoren und Generatoren, wie auch in Schranktüren, Kopfhörern, Spielzeug und vielem mehr benötigt. Eine der wichtigsten Erfindungen mit Magneten war der Kompass.

Schematische Darstellung eines Dynamos

1 Rädchen
2 Stahlstift
3 Magnet
4 Eisen
5 Spule
6 Stromkabel

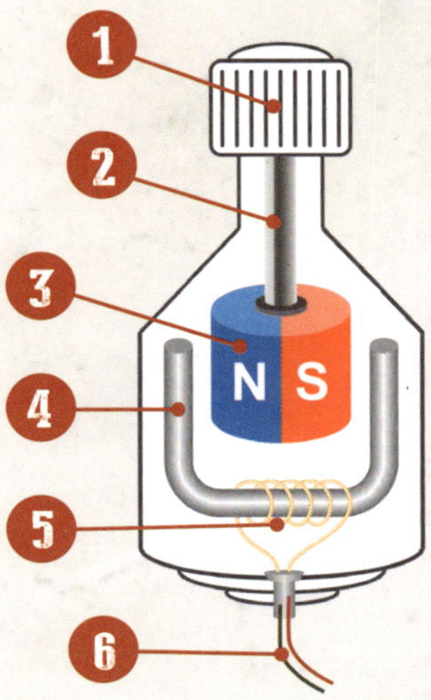

METALLE

Kurze Zeit später kam Miguel zurück. In der Hand hielt er einen Kasten mit einem Propeller daran. „Ihr könnt meinen kleinen Windgenerator nutzen. Sonst sind eure Arme bis heute Abend so lang wie die von Kraken", lachte er. Er verband Sophies Handy mit dem Kasten und stellte ihn auf das Dach des Wohnwagens. Sofort begann der Propeller kräftig und stetig zu drehen. „Was für eine tolle Erfindung, und so praktisch", sagte Sophie und schüttelte die schmerzenden Arme aus. „Tja, und das ist nur dank der magischen Metalle möglich", ergänzte Miguel. „Es muss sehr spannend gewesen sein, sie zu erforschen. Wie das wohl alles angefangen hat?", sagte Tom.

GOLD

Ah, die Menschen haben schon immer schöne Dinge gesammelt. Sie haben wohl in Flüssen gediegenes, also pures, Gold und Kupfer gefunden. Ein bisschen Gold gibt es sogar hier bei uns. Unten im Fluss kann man es finden."
„Gold!", riefen die Kinder gleichzeitig. „Du meinst richtiges, echtes Gold?"
„Ja, soll ich es euch zeigen? Wann sind denn eure Eltern zurück?"
„In etwa einer Stunde, hat Mutter gesagt."
„Das reicht", sagte Miguel. Diesmal gingen sie in die andere Richtung am Strand entlang, bis sie auf ein kleines Flussdelta trafen. Dort kniete ein Mann und ließ mit ruhigen Bewegungen einen großen, runden Teller kreisen.

GOLD WASCHEN

Eine runde Pfanne, der sogenannte Sichertrog, wird mit Flusssand und Wasser gefüllt. Durch leichtes, gleichmäßiges Schwenken sammeln sich die schwereren Stoffe, zu denen das Gold gehört, auf dem Boden der Pfanne. Von da kann man es leicht absammeln.

GOLDNUGGET

Seifengold

Gold wird durch Verwitterung aus goldhaltigem Gestein herausgelöst und mit dem Regen in Bäche gespült. Hier setzt es sich in Bereichen mit schwacher Strömung am Grund ab. Man muss es dann nur auswaschen. Der Fachbegriff Seife bezeichnet allgemein durch Verwitterung angereicherte Mineralien.

Goldener Hut aus der Bronzezeit

„Was macht der da?", fragte Sophie. „ Das ist mein Nachbar José, er sucht nach Gold," erwiderte Miguel. „Fragt ihn, er wird es euch zeigen." Miguel winkte José zu, der freudig zurückgrüßte.
Das ließen sich die beiden nicht zweimal sagen. Mit wenigen Schritten waren sie bei José und ließen sich erklären, wie sie den Teller halten mussten.
José gab jedem von ihnen eine Waschpfanne und forderte sie auf, es selbst zu versuchen.
„Ich glaub, da ist was!", rief Sophie aufgeregt und zeigte in Toms Teller. Und tatsächlich war da ein winzig kleines, goldenes Teilchen. Sie nahmen es vorsichtig heraus, bedankten sich überglücklich bei José und gingen mit Miguel zurück zum Wohnmobil.

CPU

CPU steht für *Central Processing Unit* und bedeutet *zentrale Verarbeitungseinheit*. Sie ist das eigentliche Gehirn im Computer, das alle Rechenoperationen ausführt.

CPU-BAUSTEINE

Gold wird wegen seiner besonders guten Stromleitfähigkeit in Computerchips verwendet.

SILBER

„Ihr seid ja echte Glückspilze! José wäscht manchmal tagelang, ohne auch nur das Geringste zu finden“, freute sich Miguel mit den Kindern. „Aber den berühmten lydischen König Krösus übertrefft ihr damit noch nicht“, lachte er. „Er galt als unermesslich reich. Vielleicht ist das Gerücht aber nur entstanden, weil man den Lydern nachsagt, die Geldmünze erfunden zu haben.“

„Wie hat man vorher bekommen, was man brauchte?“ fragte Sophie.

„Waren mit ähnlichem Wert wurden einfach getauscht, zum Beispiel ein Huhn gegen Kleiderstoff oder hübsche Steine gegen ein Messer.“

„Und was hat man gemacht, wenn man nichts zum Tauschen hatte, was der andere haben wollte?“, überlegte Tom.

„Richtig, das war ein Problem. Aus Gold und Silber hat man ja schon wertvollen Schmuck gefertigt. Die Idee der Lyder war, diese Edelmetalle in kleine gleichmäßige Stückchen zu teilen und diesen einen bestimmten Wert zu geben. So konnte man Gold und Silber bequem in die Tasche stecken und gegen alle möglichen Sachen tauschen – also kaufen“, erklärte Miguel.

„Sind die Münzen denn heute auch noch aus Edelmetallen?“, fragte Sophie.

KUPFERNUGGET

Stromkabel im Haus und an Elektrogeräten.

Kupferpfennig

KUPFER

„Schon lange nicht mehr. Der Wert einer Münze darf nicht höher sein als ihr aufgeprägter Wert, sonst würde jeder die Münzen einschmelzen und das Metall verkaufen. Geldstücke bestehen heute nur noch aus preisgünstigen Metallen“, antwortete Miguel.

„Nur Kupfer wird noch als Legierung mit Nickel oder Zink verwendet und als dünne Schicht auf die 1- und 2-Cent-Münzen aufgetragen, die eigentlich aus Stahl bestehen. Kupfer ist nach Feuerstein der älteste Begleiter des Menschen. Das weiche Mineral lässt sich, auch ohne Erhitzen, walzen und ziehen. Daraus hat man früher Töpfe und Pfannen gemacht. Heute verwendet man es für Stromkabel, Rohre und Verkleidungen von Dächern zum Beispiel“, erzählte Miguel.

„Bei Wettkämpfen werden doch nach Gold- und Silber- immer Bonzemedaillen vergeben, ist Bronze dann auch ein Edelmetall?“, fragte Sophie irritiert.

SILBERSCHMIED

BRONZE

„Nein, Bronze ist kein Edelmetall“, antwortete Miguel. „Es ist eine Legierung. Die Menschen haben vor langer Zeit entdeckt, dass man geschmolzene Metalle vermischen kann und dadurch ein Metall mit ganz anderen Eigenschaften entsteht. Bronze wurde aus Kupfer und Zinn gemischt. Die entstandene Legierung war viel härter und besser für Werkzeuge, Rüstungen und Waffen geeignet als alles andere, was bis dahin bekannt war. Es war ein so wichtiger Schritt in der Entwicklung, dass die Zeit von etwa 3.000 bis 800 v. Chr. den Namen Bronzezeit erhielt“, fuhr Miguel fort.

„Und ich dachte, Werkzeuge und Waffen wären aus Eisen“, kommentierte Tom.
„Eisen kam erst viel später“, erklärte Miguel. „Die Menschen mussten erstmal viele Ideen zur Metallgewinnung ausprobieren und Erfahrungen sammeln, um Eisen verarbeiten zu können. Das hat Jahrtausende gedauert.“

HIMMELSSCHEIBE VON NEBRA

Die Himmelsscheibe von Nebra ist eine Bronzeplatte mit goldenen Verzierungen. Sie ist die älteste bisher bekannte Darstellung des Himmels.

Helm und Schwert eines griechischen Soldaten der Antike

ZINN

„Andere Metalle wurden viel früher wichtig. Wie Zinn für die Bronze zum Beispiel. Es wird aus dem Mineral Kassiterit gewonnen. Die Römer haben Zinn wohl als Erste für Teller, Krüge und Schüsseln verwendet. Heute werden beispielsweise Konservendosen außen mit einer Schicht Zinn überzogen, damit sie nicht rosten, innen ist natürlich ein lebensmitteltauglicher Kunststoff aufgebracht."

KASSITERIT

Das englische Wort für Zinn ist *tin* und die Blechdose heißt *tin can*.

Bei den rostigen Stellen ist die Zinkschicht bereits verwittert und das Blech wird zerstört.

ZINK

„Und ich dachte das heißt Zink", murmelte Tom nachdenklich.
„Das gibt es auch, ist aber ein anderes Element", erwiderte Miguel. „Die Römer nannten es weißes Blei. Das Mineral Zinkblende ist ein wichtiges Zinkerz. Zink wird heute oft für den Schutz von Blechoberflächen verwendet und in Legierung mit Kupfer wird daraus Messing. Zink macht Kupfer härter und gibt ihm dieses vornehm goldene Aussehen."
„Weißes Blei", überlegte Sophie. „Gibt es denn auch schwarzes Blei?"

ZINKBLENDE

Trompete

Rohrverbinder aus Messing

Messing

Messing ist eine Legierung aus Zink und Kupfer. Je nach Mischung hat es eine goldgelbe, blasse oder rötliche Farbe. Es lässt sich sehr gut auch kalt verformen und rostet nicht. Es wird für Musikinstumente, Badarmaturen, Vorhangeschlösser, Türklinken, Schrauben und vieles mehr verwendet.

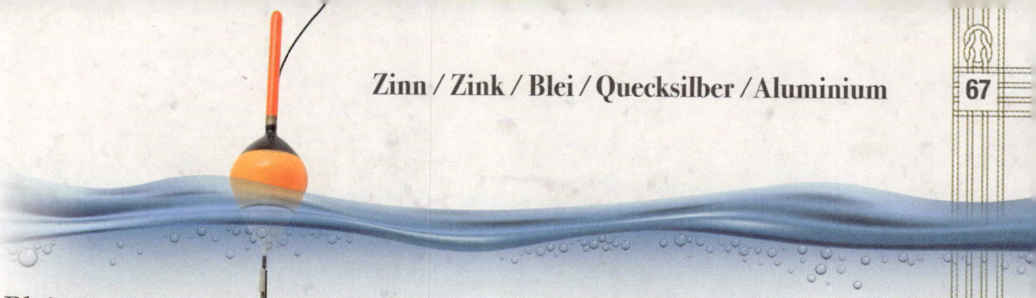

BLEI

„Das schwarze Blei der Römer ist das echte Blei, das an Luft matt anläuft. Bei den Pharaonen und den Griechen wurden daraus Kosmetika hergestellt. Die Römer nutzten Rohre aus Blei für die Wasserversorgung und als Verstärkung von Schiffsrümpfen", antwortete Miguel.

„Ich kenne Blei vom Bleigießen zu Sylvester – aber das soll man ja nicht mehr verwenden!", meinte Tom.

„Genau, Bleidämpfe sind giftig. Es wird fast nur noch in Autobatterien und als Röntgenschutz genutzt. Und ich benutze es beim Angeln, damit der Köder auch dort liegenbleibt, wo ich ihn hingeworfen habe", lachte Miguel.

Bleiglanz

QUECKSILBER

„Übrigens, noch giftiger sind Quecksilberdämpfe. Es ist das einzige Metall, das bei Zimmertemperatur flüssig ist. Früher hatten Spiegel eine Quecksilberschicht. Das ist wohl der Grund weswegen man angeblich sieben Jahre Pech haben sollte, wenn einer zerbrach – weil man durch's Einatmen tollpatschig wurde", erzählte Miguel.

„Und woraus sind Spiegel heute?", fragte Sophie.

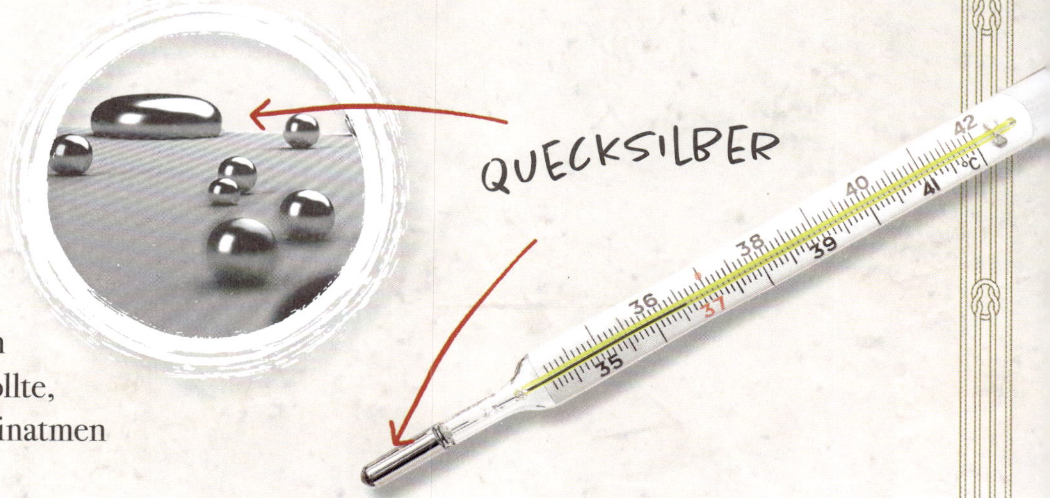

Früher gebräuchliche Quecksilberthermometer enthielten eine kleine Menge Quecksilber.

ALUMINIUM

„Aus einer dünnen Schicht Silber oder Aluminium und zum Schutz eine Glasscheibe. Aluminium ist das dritthäufigste Element in unserer Erdkruste und in vielen Mineralien enthalten. Dennoch hat man es erst vor etwa 200 Jahren entdeckt", erklärte Miguel.

„Und heute sind Fahrräder, Flugzeuge, Getränkedosen und Alufolie daraus, soviel ich weiß", sagte Tom.

„Genau, es ist heute eines unserer wichtigsten Metalle. Allerdings sieht man dem Aluminiumerz seine Wichtigkeit nicht an. Bauxit ist ein unscheinbares Verwitterungsgestein."

Tom fragte: „Und was ist jetzt mit dem Eisen?"

Aluminium wird aus dem Erz Bauxit gewonnen.

EISEN

„Ja, das mit dem Eisen ist eine lange Geschichte und über Jahrtausende war es sehr wertvoll, weil Eisengegenstände nur aus Meteoriten gemacht werden konnten. Um es aus Erz zu gewinnen, bedurfte es viel Erfahrung. Erst 1.400 Jahre vor unserer Zeitrechnung fanden die Hethiter, ein Volk in der heutigen Türkei, eine Methode. In einem sogenannten Rennofen schichtete man abwechselnd zerkleinerte Eisenerzbrocken und Holzkohle aufeinander, die dann entzündet wurden. Mit einem Blasebalg wurde stetig die Glut angefacht. Vom Erz schmolzen die Begleitmineralien, wie Quarz und Tonminerale, und gaben das Eisenmineral frei. Das Eisenmineral reagierte mit den Gasen der brennenden Kohle und blieb als pures Eisen, dem sogenannten Eisenschwamm, zurück. Er hieß so, weil er porös war, wie ein Schwamm. Die unbrauchbare Restschmelze, die Schlacke, rann durch eine tiefliegende Öffnung nach draußen, daher der Name Rennofen. Der Eisenschwamm musste dann von einem Schmied immer wieder erhitzt und gehämmert werden, um die Poren, Schlacke- und Kohlereste auszutreiben. Erst danach konnte man das Material zu schön gewundenen Geländern, Toren oder Kerzenhaltern weiterverarbeiten. Heute ist Eisen das meistgenutzte Metall überhaupt."
„Ich dachte, das wäre Stahl", sagte Sophie.
„Ah, wir sprechen von Eisen, meinen aber eigentlich immer Stahl, eine Legierung aus Eisen und ein bisschen Kohlenstoff", ergänzte Miguel.

Schlacke

Schlacke, also den unbrauchbaren Teil, der beim Schmelzen von Erzen übrig geblieben ist, findet man heute noch in der Nähe von antiken Lagerstätten.

RENNOFEN

1 *Schacht*
2 *Zufuhr von Erz und Holzkohle*
3 *Luftzufuhr mit einem Blasebalg*
4 *Eisenschwamm*
5 *Ofen*
6 *Schlacke*
7 *Schlackegrube (Renngrube)*

STAHL

„Im Ofen verbindet sich das heiße Eisen mit dem Kohlenstoff von der Holzkohle. Abhängig vom Anteil des Kohlenstoffs bekommt man Stahl oder Gusseisen. Stahl kann gut von einem Schmied mit dem Hammer weiterverarbeitet werden. Ist aber zuviel Kohlenstoff im Eisen, so wird es hart und spröde. Mit dem Hammer kann man es dann nicht mehr bearbeiten. Man kann es schmelzen und in Formen gießen, deshalb nennt man das dann Gusseisen. Man stellt Maschinengehäuse, Rohre und Pfannen daraus her, aber auch große Konstruktionen, wie Brücken. Zusätze verändern den Stahl nach unseren Wünschen, zum Beispiel macht das Element Chrom Stahl glänzend. So, nun genug der Metallurgie – ich hab noch zu tun“, sagte Miguel.

Ein Schwert aus Stahl war für einen römischen Soldat der wichtigste, aber auch teuerste Ausrüstungsgegenstand.

Wertvoller als Gold

Eisen war in der Antike mal wertvoller als Gold. Es wurden Tontafeln gefunden, auf denen der Preis für Eisen achtmal so hoch wie der für Gold angegeben wurde und der Kinderpharao Tutanchamun wollte einen eisernen Dolch als Grabbeigabe.

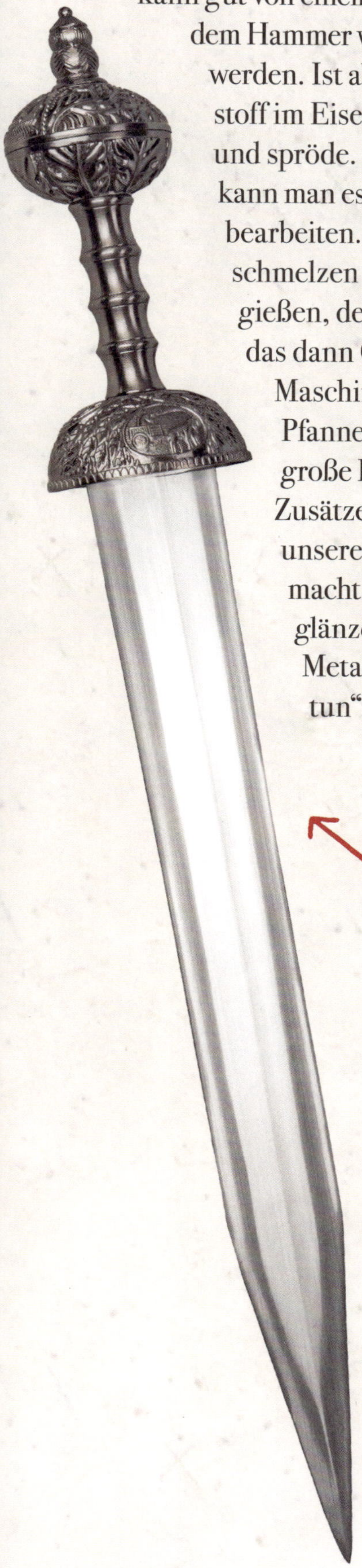

GLADIUS

Das römische Kurzschwert war wohl die wichtigste Waffe bei der römischen Eroberung des Mittelmeerraums und Europas.

Stahlträger für den Brückenbau

SADDIS SPUREN UND DIE LEGENDE

Endlich kamen die Eltern zurück. Der Vater hatte einen Gipsverband und stützte sich auf eine Krücke. „Wusstest du schon, dass du jetzt Meeresboden am Bein hast?“, feixte Tom und grinste. Die Kinder erzählten ausgelassen von den vielen Dingen, die sie erlebt und gelernt hatten. Die Eltern waren erstaunt und ließen sich alles genau beschreiben. Sie waren Miguel dankbar, dass er sich so sehr um die Kinder gekümmert hatte. „Aber das Wichtigste haben wir ja noch gar nicht erzählt. Wir haben …“, fing Sophie an. „Richtig, das haben wir ja ganz vergessen!“, lachte Tom.

UNGEFÄHRLICH WAR DAS NICHT!

„Wir sind auf die Suche nach Quarz gegangen“, begann er vorsichtig.
„… und in einer der Höhlen haben wir dann wieder einen Hinweis von Saddi gefunden“, führte Sophie weiter aus.
„… in verschiedenen Sprachen!“
„… genau, etwas wie Treppe der goldenen Tiere, da sind wir dann tiefer in die Höhle hineingegangen.“
Nun war Miguel ganz blaß geworden. „Und habt ihr etwas entdeckt?“ fragte er heiser.
Tom zeigte ihm die Aufnahmen, die er mit dem Handy gemacht hatte.
„Naja, wir haben diese Schrift. Weiter sind wir nicht gekommen, weil unsere Akkus leer waren und uns das Licht ausging.“

„Wisst ihr, ich habe euch noch nicht alles erzählt. Mein Urgroßvater war der Saddi, der die Hinweise hinterlassen hat. Seine Eltern waren arme Leute und konnten sich keine höhere Schule für ihn leisten. Saddi war aber der geborene Forscher und seine ganze Liebe galt dem Zauberberg und den vielen besonderen Mineralien und Gesteinsarten, die man hier finden kann. Er machte sich Gedanken über ihre Entstehung, denn er glaubte nicht wirklich an die alte Legende der goldenen Tiere. Wenn er in den Minen arbeiten musste, hatte er kein Papier dabei, um seine Ideen aufzuschreiben, und so schrieb er seine Fragen und Beobachtungen einfach an die Wand. Vieles davon ist leider verblasst. Meine Geschwister und ich haben vor vielen Jahren zumindest das fotografiert und dokumentiert, was noch erhalten ist", erzählte Miguel.

Geowissenschaft

Dieses Berufsfeld beschäftigt sich mit allem, das mit unserem Planeten zu tun hat, also mit der Entstehungsgeschichte, dem Aufbau und den natürlichen Phänomenen, die rund um die Uhr in und auf der Erde passieren. Dazu gehören das Wetter, Strömungen der Meere, Kontinentalverschiebungen, Entstehung von Gebirgen, Vulkanausbrüche und vieles mehr.

„Mit den Edelsteinen, die er über die Jahre fand, bezahlte er Schule und Universität für einen seiner Söhne – meinen Großvater. Er hegte die gleiche Liebe zum Berg wie sein Vater. Diese Liebe wurde weitervererbt, denn auch mein Vater, meine Schwester und ich sind Geowissenschaftler geworden."

„Meinst du, er könnte das Rätsel gelöst haben und wir sind dieser Lösung auf der Spur?", rief Tom.

„Könnt ihr uns zu der Stelle führen? Miguel wird die Zusammenhänge in der Höhle sicher schnell verstehen", überlegte die Mutter.

„Ja, klar geht das!" rief Sophie.

„Wenn ich das auf meine alten Tage noch erleben dürfte", sprach Miguel berührt.

„Also abgemacht, dann treffen wir uns morgen früh am Strand und gehen der Sache nach", sagte die Mutter und reichte Miguel zum Abschied die Hand.

KANN DIE LEGENDE WAHR SEIN?

GOLDENE TIERE

Sophie konnte es am nächsten Morgen kaum erwarten, auf Schatzsuche zu gehen. Sie wartete mit Tom und ihrer Mutter am Strand auf Miguel. „Dort kommt er, aber was trägt er denn da?“, fragte Sophie neugierig.
„Ich habe noch große Lampen von meinem Freund besorgt. Die werden auch von den Höhlenforschern benutzt. Sie sind hell genug, um alles gut ausleuchten zu können.“
„Super, dann lasst uns aufbrechen“, sagte Tom und führte die anderen in die Höhle.
„Wo sind wir gestern weitergegangen?“ Tom blieb an einer Weggabelung stehen und schaute seine Schwester fragend an. „Hier müsste doch irgendwo der erste Hinweis sein?“
Miguel leuchtete mit der starken Lampe die Höhlenwände ab.
„Da, da, ist es! Kommt hier herüber!“

DAS FAMILIENGEHEIMNIS

Sophie hatte die Schrift gefunden. „Bis hier sind wir gestern gekommen."
„Das könnte tatsächlich TREPPE – TIERE – GOLD bedeuten", stellte Miguel fest, während er die Zeichen an der Wand untersuchte. „Es könnte tatsächlich von Saddi sein. Lasst uns weitersuchen."
Tom leuchtete mit der Taschenlampe auf den Boden und deutete auf die Fußabdrücke: „Da sind ja auch unsere Spuren, hier geht's lang!"
Kurz darauf standen sie vor dem zweiten Hinweis.
„Hast du eine Ahnung, warum das da oben unter der Decke steht?", fragte Tom.
Miguel trat näher an die Felswand heran und untersuchte sie eingehend. Dabei bröckelten vereinzelt weiße Plättchen von der Wand.
„Was ist das denn, das sieht ja aus wie mit Gips oder so zugespachtelt?", wunderte sich Miguel.
Unter dem weißen Putz kam eine treppenförmig verlaufende Spalte zum Vorschein.
Vorsichtig begann Miguel den Putz abzulösen.
„Ich glaube, mit etwas Wasser ginge es leichter", sagte Miguel zu Sophie.
Sophie holte schnell eine Flasche aus ihrem Rucksack und verspritzte etwas Wasser. Tatsächlich löste sich die aufgetragene Schicht als Tom mit den Fingern darüber wischte. Was darunter sichtbar wurde, verschlug allen den Atem. Unter dem weißen Putz kam eine Vielzahl von versteinerten Meerestieren zum Vorschein. Dies allein hätte alle schon in Begeisterung versetzt, aber das Unglaubliche war, dass die Fossilien scheinbar aus Gold waren.
„Wow! Schaut doch bloß", flüsterte Sophie. „Hier und da, und da auch. Das sieht aus, als wären die Tiere auf dieser Kristalltreppe nach dort oben in die Wand geklettert."
„Genau Sophie, das hat Saddi wohl auch so gesehen", stellte Miguel mit Tränen in den Augen fest.

„Mein ganzes Leben suche ich danach. Die Legende ist wirklich wahr, die goldenen Tiere gibt es tatsächlich! Großmutter hat uns oft von dem sagenhaften Fund meines Urgroßvaters erzählt. Er fand zusammen mit meinem Großvater eine Höhle mit goldenen Tieren. Sie war damals schwer zugänglich, weil der Eingang komplett unter Wasser lag. Ihnen war klar, dass wenn der Fund sich herumsprechen sollte, er bald von geldgierigen Menschen zerstört werden würde. Dann brach der Krieg aus und sie beschlossen die goldenen Tiere fürs Erste zu verstecken und verputzten sie mit Gips. Mein Vater hatte damals gerade Toms Alter und war aus Vorsicht noch nicht in das Geheimnis eingeweiht worden. Beide, Urgroßvater und Großvater, starben dann aber tragischerweise im Krieg."

„Das heißt, niemand wusste mehr, wo die goldenen Tiere waren?", fragte Tom betroffen.

„Richtig, auch meine Großmutter wusste nicht, in welcher der Höhlen sie sich verbargen. Unser Familiengeheimnis wurde zur Legende und die Tiere blieben verschollen."

„Und wir haben sie gefunden!", sagte Sophie stolz und strahlte.

SOPHIE UND TOM AUF SCHATZSUCHE

VERSTEINERTE TIERE

Ammoniten waren Kopffüßer, die über viele Millionen Jahre in den Weltmeeren vorkamen.

Die Erwachsenen kamen aus dem Staunen nicht mehr heraus. Zu schön war dieses von der Natur erschaffene Meeresbild.
„Sind die Tiere denn eigentlich wirklich aus Gold?", wollte Sophie wissen.
„Nein, Sophie", erklärte Miguel, „sie sind aus Narrengold – aus Pyrit, das haben wir ja schon kennengelernt. Das ist ein Mineral, das unter bestimmten Umständen das ursprüngliche Hartmaterial der Tiere, also zum Beispiel die Muschelschalen, ersetzt und versteinert, also fossilisiert."
Miguel war ergriffen von der Vielzahl der Fossilien, identifizierte gleich mehrere der verschiedenen Pflanzen und Tiere und erklärte mit glühendem Eifer, dass es sich hier um ein viel älteres Gestein handelte als die Kalkfelsen, die man am Strand sähe.
„Lebten zu der Zeit die Dinosaurier?", fragte Tom.
Miguel lachte. „Ja schon, aber es ist eher unwahrscheinlich, ein Dinosaurierfossil zu finden."
„Aber wie schützen wir denn jetzt die goldenen Tiere? Jetzt könnte doch auch jeder hierherkommen und sie aus dem Berg schlagen", fragte Sophie.

Ammonitgehäuse aus Pyrit

Versteinerte Ammoniten finden sich oft in großen Mengen.

„Da haben wir nun Glück", sagte die Mutter. „Eure Tante gehört zum Deutschen UNESCO-Komitee. Das ist die Organisation der UNO, der Organisation der Vereinten Nationen, die schützenswerte Orte zum Welterbe erklärt und damit unter Schutz stellt. Ich werde ihr gleich nachher schreiben und sie fragen, was zu tun ist."
Miguel nickte beruhigt. „Ja, heute ist alles etwas einfacher. Ich bin zwar pensioniert, aber meine Schwester ist Direktorin des hiesigen Instituts für Geowissenschaften. Auch ich werde gleich telefonieren."

Die Entstehung der Fossilien (Fossilisation)

Die Versteinerung von Lebewesen verläuft in mehreren Schritten:

1

2

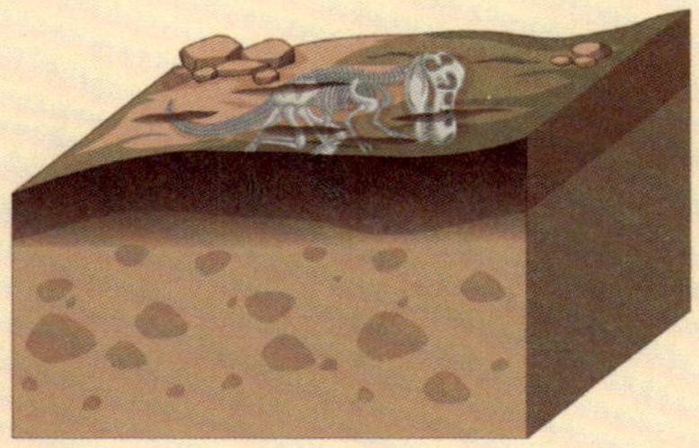

3

4

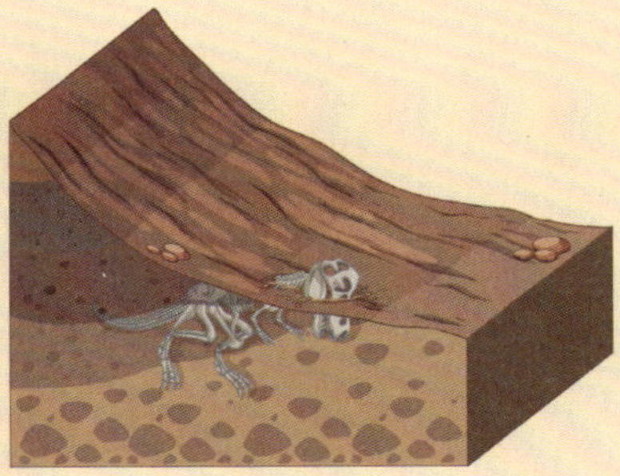

❶ Wenn ein Tier stirbt und zunächst an der Erdoberfläche bleibt, werden seine Weichteile (Fleisch und Organe) vom Moment des Todes an durch andere Tier gefressen. Bakterien und Pilze zersetzen dann die Reste in die einzelnen Elemente.

❷ Der Rest des Kadavers wird von Schlamm, Sand oder Eis allmählich begraben. Je nachdem zu welchem Zeitpunkt seiner Zersetzung dies geschieht, bleiben Hinweise auf seine Gestalt erhalten.

❸ Nun kommt es zur Versteinerung (Diagenese). Je nachdem in welchem Material das Tier eingebettet wird, verwandeln sich seine Reste wie seine Umgebung zu Stein. Es kommt zu chemischem Stoffaustauch und Umkristallisation.

❹ Erdschichten werden durch Wasser und Wind abgetragen (Erosion). Das Fossil kommt wieder zum Vorschein.

Beispiel der Versteinerung:

Silizifizierung/Verkieselung
Im Boden zirkuliert Wasser, das reich an gelösten Elementen ist. Die ursprünglichen Elementbausteinchen in den Kadavern und toten Pflanzen können durch diese Elementbausteinchen im Wasser ausgetauscht werden. Durchdringt solches Wasser die Poren und Zwischenräume der Hartteile von abgestorbenen Tieren oder Pflanzen, entstehen sogenannte Verkieselungen, wenn das Wasser entweicht und darin gelöstes Siliziumdioxid zurückbleibt und auskristallisiert.

Pyritisierung
Im Boden leben Bakterien, die den Schwefel aus den Überresten der Tiere freisetzen. Im zirkulierenden Wasser enthaltenes Eisen kann so mit Schwefel zu Pyrit kristallisieren und die verbliebenen Hartteile der Tiere überziehen oder ersetzen.

Kalzifizierung
Voraussetzung hierfür ist, dass im Boden Wasser zirkuliert, das reich an gelöstem Kalziumkarbonat ist. Füllt dieses Wasser die Hohlräume in Knochen und Meerestierschalen, kann es zu Calcit bzw. Aragonit kristallisieren.

Fossilien

Fossilien sind Überbleibsel vergangenen Lebens auf der Erde. Es können sowohl körperliche Überreste von Lebewesen (Körperfossilien) als auch Spuren ihres Lebens (Spurenfossilien) sein. Als Fossil bezeichnet man Fundstücke, die älter als 10.000 Jahre sind.

NOCH MEHR SCHÄTZE

Bis aber alles in die Wege geleitet ist, würde ich sagen, spachteln wir alles wieder zu. Helft ihr mir dabei Kinder?", fragte Miguel.

„Klar doch!", riefen sie im Chor. „Unter einer Bedingung: Wenn die goldenen Tiere wieder freigelegt werden, möchten wir dabei sein!", fügte Tom hinzu.

„Schön, und heute Abend seid ihr alle meine Gäste, es gibt schließlich etwas zu feiern!"

Während des Essens am Abend, an dem auch Miguels Schwester teilnahm, hatten die Kinder noch so einige Fragen offen.

„Wie sind die Tiere denn eigentlich in den Stein gekommen?", fragte Tom.

„Dieser Kalkstein ist entstanden, weil über viele Millionen Jahre lang die Kalkschalen abgestorbener Meerestiere am Boden abgelagert wurde. Der Druck der aufliegenden Schalen- und Schlammschichten wurde unten irgendwann so groß, dass das Material sich verkittete und zu einem zusammenhängenden Kalkstein wurde", führte Miguels Schwester aus.

„Und wie kommen die ganzen anderen Mineralien in den Zauberberg?", wollte Sophie wissen.

„Unter dem Meeresboden muss sich eine Magmakammer gebildet haben. Das Magma hat es aber nicht bis zur Oberfläche geschafft, sonst wäre hier ein Vulkan entstanden. Es hat aber zum Teil die verschiedenen Gesteinsschichten, in die es eindrang, durch die große Hitze verändert. So wurde aus Kalkstein Marmor, aus den Tonschichten der schwarze Hornfels ...", antwortete Miguel.

„... und die abgelagerten Pflanzen, die schon zu Kohle gedrückt worden waren, sind zu Grafit geworden!", folgerte Tom eifrig.

„Genau, wässriges Magma oder wässrige Lösungen, in denen viele Elemente gelöst waren, stiegen in Ritzen und Spalten auf. Dort wandelten sie Kalkstein teilweise in Speckstein um und hinterließen Adern mit Pigmentmineralien, Metallen und anderen schönen Mineralien", fuhr Miguel fort.

Magmakammer

„Wer weiß, was wir da noch Tolles finden können. Zum Glück fängt unser Urlaub ja gerade erst an ...", sagte Tom.

„... und ich glaube, uns wird bestimmt nicht langweilig werden, wenn man bedenkt, was Mineralien alles können", vollendete Sophie seinen Satz.

„Genau", erwiderte Miguel. „Wenn ihr das nächste Mal einen Stein mit dem Fuß vor euch herkickt, dann denkt daran: Es könnte sich um ein Mineral mit den besonderen Eigenschaften für eine neue geniale Erfindung handeln."

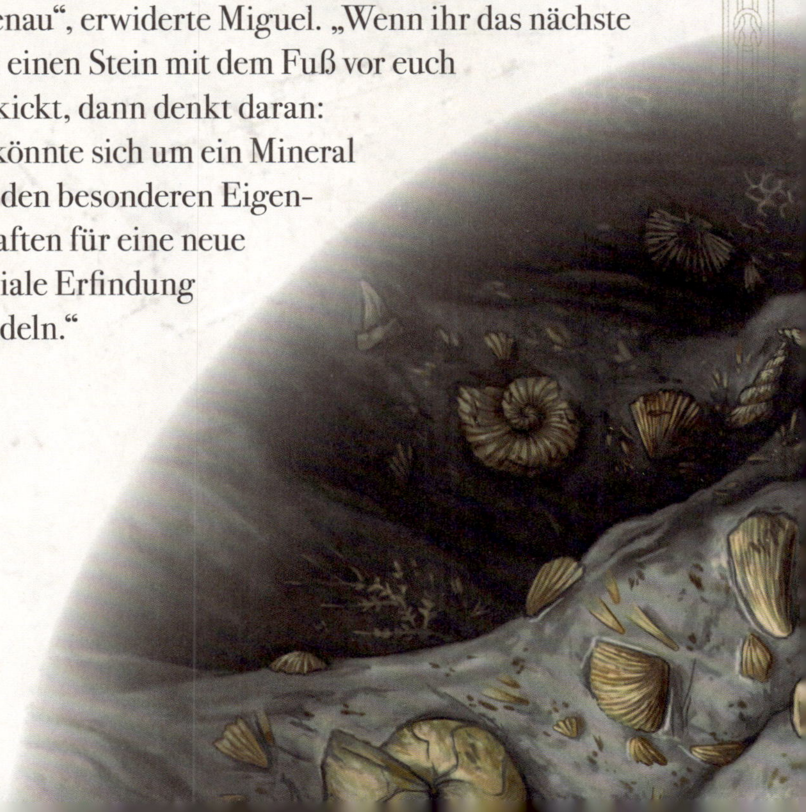

SELBST ENTDECKEN

Einige Mineralien haben zu so wichtigen Erfindungen geführt, dass sie das Leben der Menschheit für immer verändert haben. Die Erfindungen zum Buchdruck und auch die Entdeckungen zur Erzeugung von Elektrizität, sind nur zwei Beispiele dafür. Durch die Anwendung dieser Techniken wurde viel Neues hervorgebracht. Siehe selbst und probiere es aus.

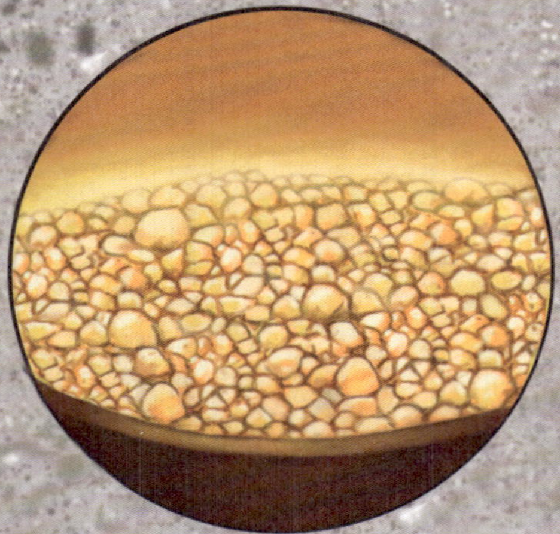

BUCHDRUCK

BEWEGLICHE BUCHSTABEN

Seit der Mensch begonnen hat, seine Gedanken und Ideen aufzuschreiben, musste er dies mit der Hand machen. Bücher zu schreiben dauerte oft viele Jahre. Sie waren daher für viele Menschen unerschwinglich. Dies sollte sich aber grundlegend ändern, als Johannes Gutenberg um das Jahr 1450 den Buchdruck mit beweglichen Lettern (Buchstabenblöcken) entwickelte. Er mischte verschiedene Metalle und goß daraus einzelne Buchstaben. Mit diesen Lettern konnte man ganz einfach verschiedene Worte zusammensetzen und dann als Druckstempel nutzen. Auf diese Weise konnten sehr schnell Flugblätter, Bücher und später Zeitungen gedruckt werden.

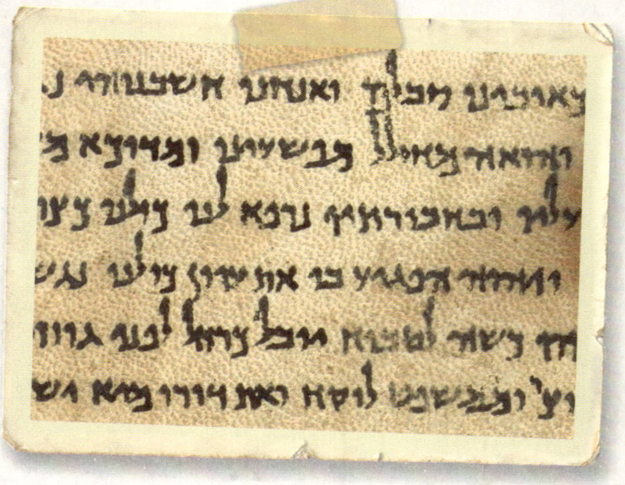

Ausschnitt aus einer alten Bibelhandschrift

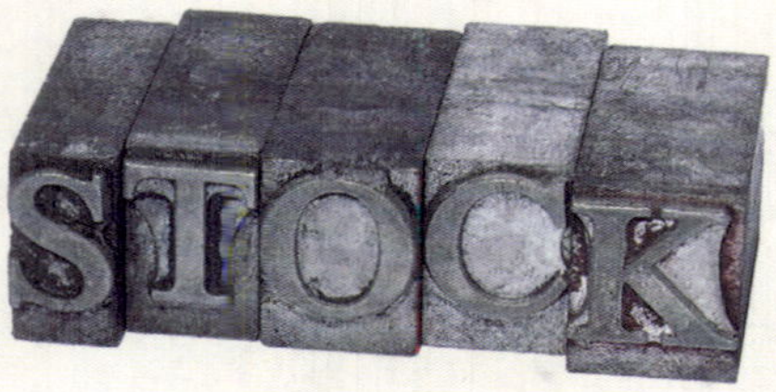

Gutenbergs Lettern bestanden aus Zinn, Blei und Antimon. Diese Metalle ließen sich einfach schmelzen und in eine neue Form gießen.

EXPERIMENT

GIPS GEHT AUCH

Gutenbergs Metalle sind teilweise sehr gesundheitsschädlich, man kann das Prinzip aber mit Gips sehr gut nachvollziehen.

Mische 2 Esslöffel Gips mit etwa 3 Esslöffeln Wasser. Verrühre es zu einem nicht zu flüssigen Brei. Lass den Brei in deine Form fließen und warte etwa 5 bis 10 Minuten, bis der Gips hart geworden ist.

FLIESSENDER STROM

Alessandro Volta hat um das Jahr 1800 die erste Batterie erfunden. Sie bestand aus einem Türmchen von Kupfer- und Zinkplättchen sowie mit z. B. Salzwasser getränkten Papp- bzw. Textilstücken. Als er die Ober- und Unterseite des Türmchens mit einem Kupferdraht verband, bewies er eine weitere Eigenschaft der Metalle: Man konnte mit ihnen elektrischen Strom erzeugen und an einen Ort leiten, an dem er gebraucht wurde. Das war der Beginn der Stromerzeugung.

EXPERIMENT

EINE VOLTASÄULE BAUEN

Schritt für Schritt Video-Anleitung

Materialliste

- Alufolie (kleines Stück) 1
- 4 Unterlegscheiben (verzinkt) 2
- Küchen- oder Löschpapier 3
- Zitronensaft 4
- 4 Kupfermünzen (Ein-, Zwei- oder Fünfcent) 5
- 1 Leuchtdiode 6

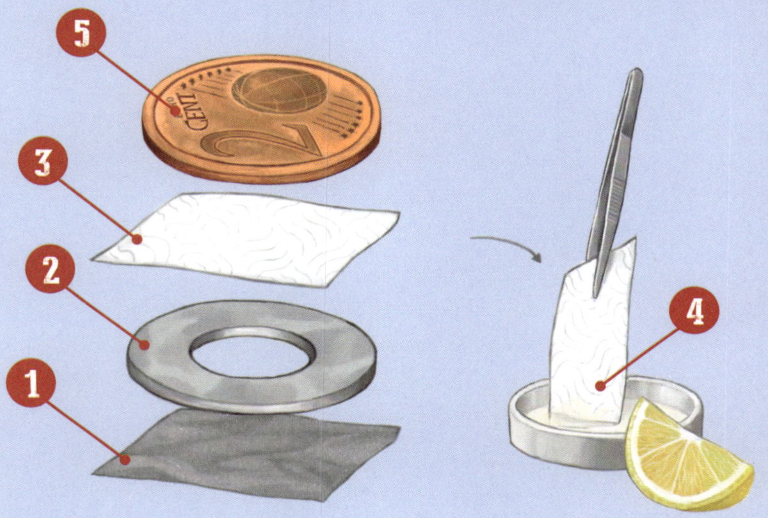

Nimm ein Stück Alufolie und lege eine Unterlegscheibe darauf.
Tränke ein Stück Küchenpapier in Zitronensaft und lege es auf die Unterlegscheibe.
Lege nun eine Münze auf das getränkte Küchenpapier. Jetzt kommen wieder eine Unterlegscheibe, dann Küchenpapier und schließlich eine Münze. Wiederhole diesen Aufbau noch zweimal.
Nimm nun die Leuchtdiode und halte gleichzeitig das kürzere Beinchen an die Alufolie und das längere Beinchen an die oberste Kupfermünze (du kannst sie vorsichtig verbiegen und den Beinchen Füße machen).
Wenn der Aufbau sorgfältig war, glüht die Leuchtdiode auf.

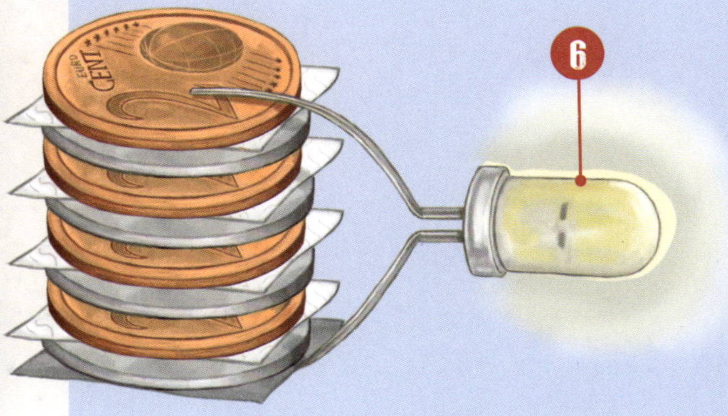

KUPFER UND MAGNETIT

EXPERIMENT

ELEKTROMAGNET SELBER BAUEN

Schritt für Schritt Video-Anleitung

Voraussetzung für viele Entwicklungen war die Erfindung des Elektromagneten.
Umwickle einen Nagel mit Kupferdraht. Verbinde die beiden Enden des Drahts mit den Polen einer Batterie. Die Batterie dient als Stromquelle. Jetzt fließt durch die Kupferwicklung Strom und um den Eisenkern wird ein Magnetfeld erzeugt.
Der Nagel ist jetzt magnetisch und zieht daher Büroklammern aus Metall an.

Materialliste

- Eisennagel oder -schraube 1
- Kupferdraht 2
- Batterie 3
- Büroklammern aus Metall 4

Achtung der Nagel kann heiß werden! Trage daher am besten Schutzhandschuhe.

AUS BEWEGUNG WIRD ENERGIE

Der auf den Nagel gewickelte Kupferdraht ist eine Spule. Wenn man in diese Spule, statt des Nagels, einen Magneten schiebt und dreht, erzeugt man in der Spule einen fließenden Strom. Fügt man dem Aufbau noch Eisenstreifen hinzu, verstärkt man den Effekt und kann damit eine Lampe zum Leuchten bringen oder einen Akku laden. Diese Entdeckung hat die Welt verändert, jeder Fahrraddynamo arbeitet nach diesem Prinzip.

AUS ENERGIE WIRD BEWEGUNG

Das Prinzip eines Dynamos funktioniert auch in die andere Richtung und ist die Funktionsweise von Elektromotoren. Hier liegt ein beweglicher Eisenkern in einer Spule, die von feststehenden Magneten umgeben ist. Lässt man elektrischen Strom in die Spule fließen, wird aus dem Eisenkern ein Magnet, der sich nach den Polen der äußeren Magneten ausrichtet und beginnt sich zu drehen.
Mit dieser Bewegung kann nun ein Ventilator Luft fächeln und die elektrische Zahnbürste Zähne putzen.

ELEKTRISCHE ZAHNBÜRSTE

MORSEAPPARAT

Heute sind Mobiltelefone nicht mehr aus unserem Leben wegzudenken. Bevor es das Telefon gab, entstand die Telegrafie. Man konnte mit einer Abfolge von kurzen oder längeren Stromstößen kodierte Buchstaben durch einen sehr langen Draht senden. So konnten Nachrichten durch kilometerlange Fernleitungen gesendet werden. Erreichte der elektrische Impuls den Elektromagneten am Empfängergerät, zog dieser die magnetische Halterung für den Schreibstift an. Je nachdem, wie lange der Stromstoß gedauert, also wie lange der Magnet die Halterung angezogen hatte, wurde entweder ein Punkt oder ein Strich auf das darunter laufende Papier geschrieben.

SOS

Die Abkürzung SOS steht für den englischen Ausdruck *Save our Souls* (Rettet unsere Seelen). Im Morse-Code brauchte man nur dreimal kurz, dreimal lang und wieder dreimal kurz zu morsen, um schnell den Notruf zu übermitteln. Diese Kombination konnte sich jeder leicht merken.

MORSEALPHABET

A ·–
B –···
C –·–·
D –··
E ·
F ··–·
G ––·
H ····
I ··
J ·–––
K –·–
L ·–··
M ––
N –·
O –––
P ·––·
Q ––·–
R ·–·
S ···
T –
U ··–
V ···–
W ·––
X –··–
Y –·––
Z ––··

MORSEAPPARAT SELBER BAUEN

Schritt für Schritt Video-Anleitung

Materialliste

- Flachbatterie (1)
- 3 Drähte (2)
- Alufolie (3)
- Reißnagel (4)
- Glühlämpchen mit Fassung (5)
- Wäscheklammer aus Holz (6)

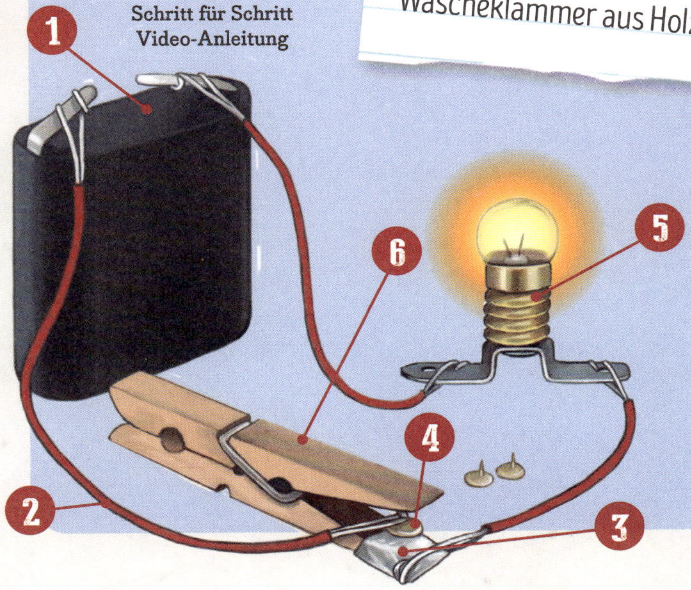

EXPERIMENT

Drücke den Reißnagel in eine der Innenseiten der Wäscheklammer und wickle einen Streifen Alufolie um die gegenüberliegende Seite, sodass sich beides berührt, wenn du die Klammer aufdrückst. Befestige zwei Drähte an den beiden Polen der Batterie. Führe einen der Drähte von der Batterie zur Wäscheklammer und befestige ihn dort am Reißnagel.

Der zweite Draht geht von der Batterie zur Lampe. Den dritten Draht führst du von der Lampe an die Alufolie an der Wäscheklammer.

Wenn du die Wäscheklammer zusammendrückst, berühren sich der Reißnagel und die Alufolie und schließen den Stromkreis. Die Lampe leuchtet auf und du kannst ein Signal senden. Nutze dazu das Morsealphabet.

TELEFON

EXPERIMENT

TELEFON SELBER BAUEN

Materialliste

2 leere Blechdosen 1

Paketschnur 2

Handbohrer

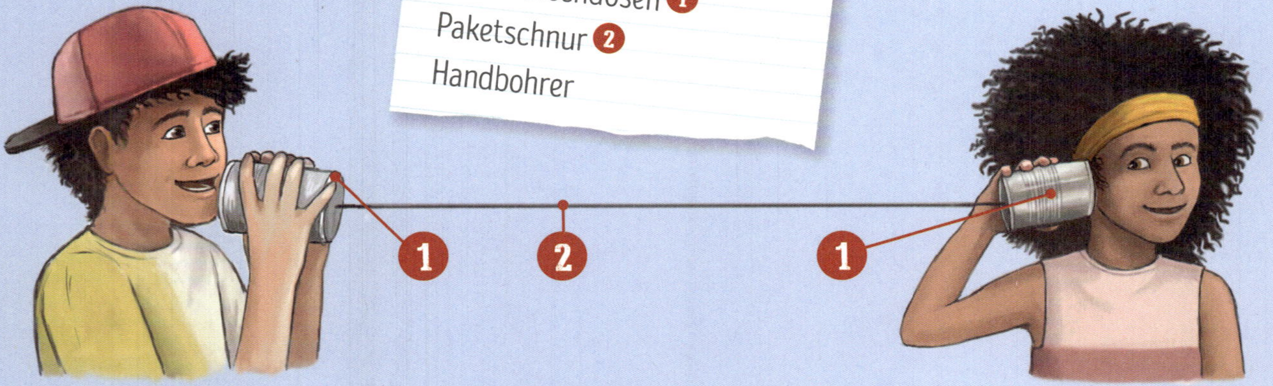

Mit einem Handbohrer bohrst du in jeden Dosenboden mittig ein Loch (lasse dir dabei von einem Erwachsenen helfen), sodass die Paketschnur gerade hindurchpasst. Nun fädelst du die Schnur durch die Löcher und verknotest sie jeweils im Inneren der Dose, damit sie nicht wieder herausrutschen kann. Damit das Dosentelefon funktionieren kann, muss die Schnur zwischen den beiden Dosen straff gespannt sein. Wenn alles geklappt hat, kann man auf der einen Seite in die Dose sprechen und auf der anderen Seite jedes Wort verstehen, wenn man die Dose ans Ohr hält. Probiere auch andere Bänder als Verbindung zwischen den Dosen, zum Beispiel Wolle oder Nähgarn, nicht alle funktionieren.

ELEKTRONEN FLIESSEN

Am Anfang der Telefonie stand die Entdeckung, dass man einen Ton durch ein Band schicken kann. Dabei schubsen sich die Atome, aus denen das Band besteht, gegenseitig an. Noch besser geht es durch ein Metallband, genauer einen Draht, durch den ein elektrischer Strom fließt. Hier müssen sich nicht schwere Atome anschubsen, sondern es sind die viel leichteren Elektronen, die durch den Draht gejagt werden, nachdem die Töne in elektrische Signale umgewandelt wurden.

Beim drahtlosen Telefonieren wird deine Stimme im Handy in Computersignale umgewandelt und an den nächsten Mobilfunkmast gefunkt. Der gibt sie über Glasfaserkabel weiter bis zu dem Mast, der dem Empfänger am nächsten steht und ihn anfunkt. Du siehst, Telefonieren wäre ohne die Elemente aus den Mineralien nicht möglich.

Nur die letzte Strecke wird jeweils per Funk überbrückt.

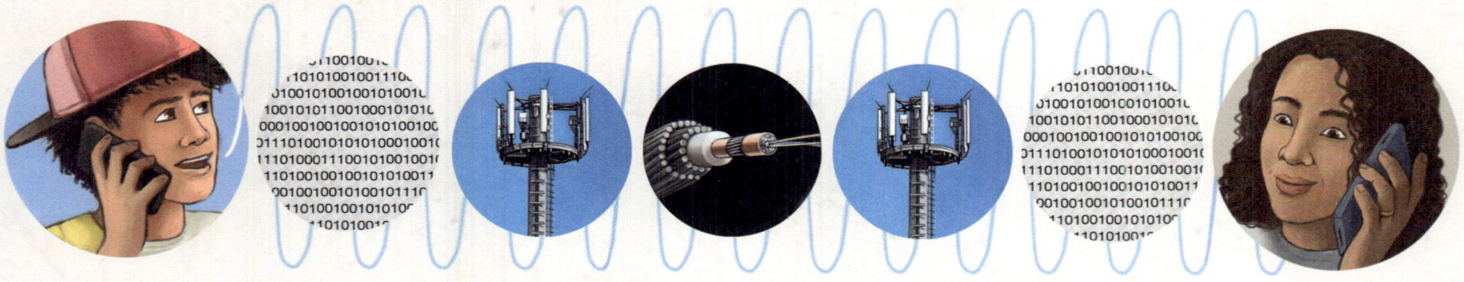

WERTVOLLE MINERALIEN

Ein Handy ist fast wie ein Schmuckkästchen, denn es enthält viele wertvolle Elemente: Gold, Kupfer, Palladium, Silizium, Tantal und Titan für die Leiterplatte; Aluminium für das Gehäuse; Indium, Gallium und Zinn für den Touchscreen; Lithium, Mangan, Kupfer und Nickel für den Akku; Eisen für die Schrauben; Neodym für die Magneten in Lautsprecher und Kamera; Yttrium in den Speicherchips.

SELTENE ERDEN

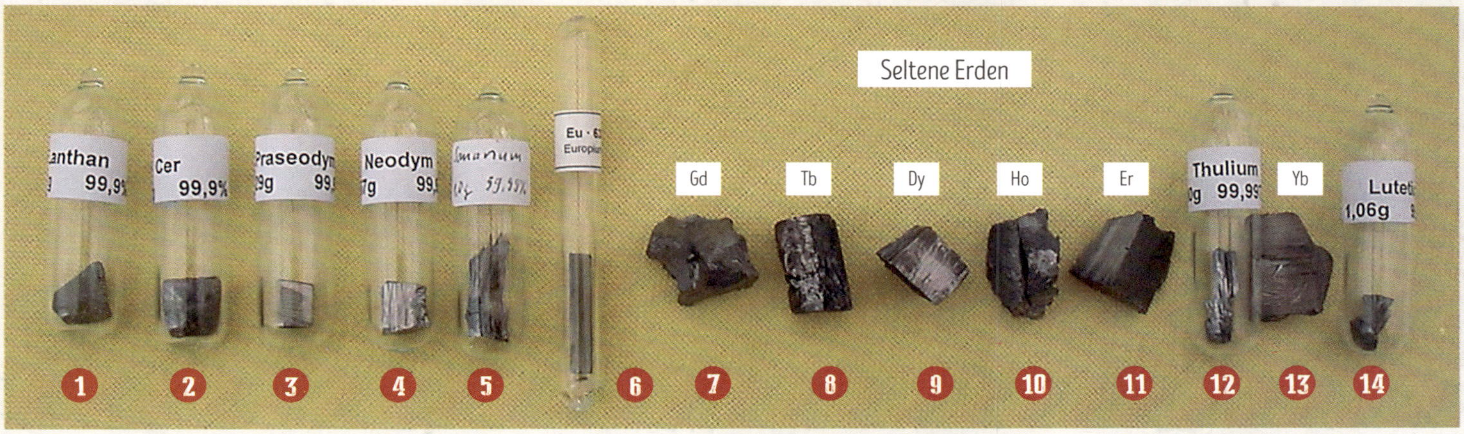

Seltene Erden kommen weit häufiger vor als Gold und Silber. Auch hat die Bezeichnung „Erde“ nichts mit unserer Vorstellung von Blumenerde gemein. Diese Elemente, die vor etwa 30 Jahren nur Naturwissenschaftler kannten, sind aus unserem heutigen Leben nicht mehr wegzudenken. So gut wie alle mit Akkus oder Computerchips ausgestatteten Geräte enthalten welche. In Handys, Laptops, Spülmaschinen, Elektroscootern und Elektroautos sind sie ebenso wie in Leuchtstoffröhren und LEDs.

Seltene Erden

1 *Lanthan*
2 *Cer*
3 *Praseodym*
4 *Neodym*
5 *Samarium*
6 *Europium*
7 *Gadolinium*
8 *Terbium*
9 *Dysprosium*
10 *Holmium*
11 *Erbium*
12 *Thulium*
13 *Ytterbium*
14 *Lutetium*

ohne Abb.:
Scandium
Yttrium
Promethium

ELEKTROAUTO

SILIZIUM

Silizium war für viele Jahrzehnte das Element der Zukunft, da es in Form von Quarzsand und in vielen anderen Mineralen nahezu unbegrenzt auf unserem Erdball vorkommt. Leider führt aber der Quarzsandabbau zu ökologischen Problemen und die modernste Technik entwickelt sich stetig weiter. Trotzdem soll hier vereinfacht gezeigt werden, wie ein Mikrochip entsteht.

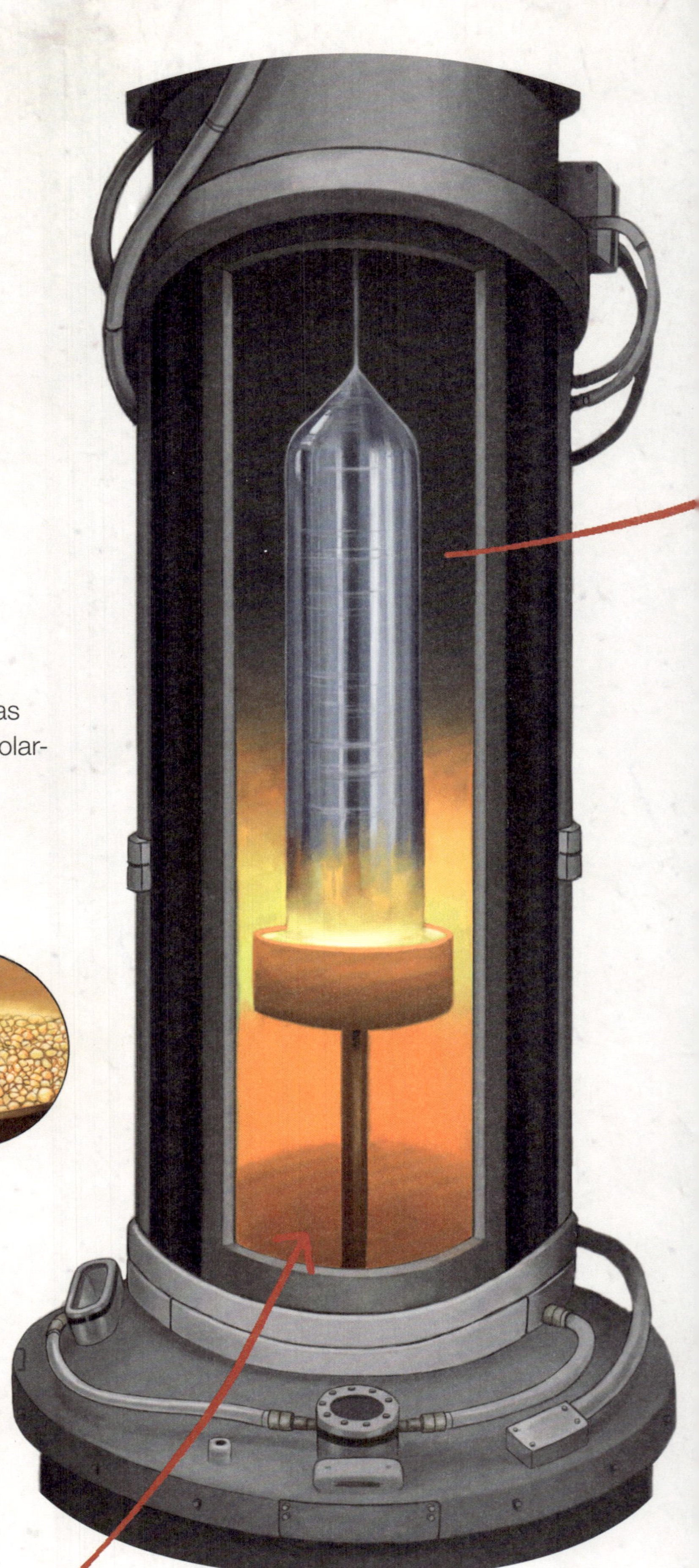

Reiner Quarzsand ist das Ausgangsmaterial für Solarzellen und Mikrochips.

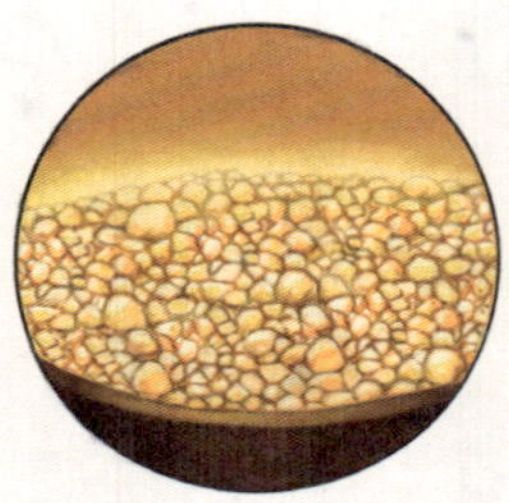

Quarz besteht aus den Elementen Silizium und Sauerstoff. Er wird erhitzt, sodass der Sauerstoff die Kristalle verlässt und nur Silizium zurückbleibt.

Aus den vorher durchsichtigen Quarzkörnern sind nun glatte silberne Siliziumbrocken geworden.

Das Silizium wird geschmolzen …

… und in einem technischen Verfahren zu einem riesigen, perfekten Kristall gezüchtet.

Der fertige Kristall wird in hauchdünne Scheiben, sogenannte Wafer, geschnitten.

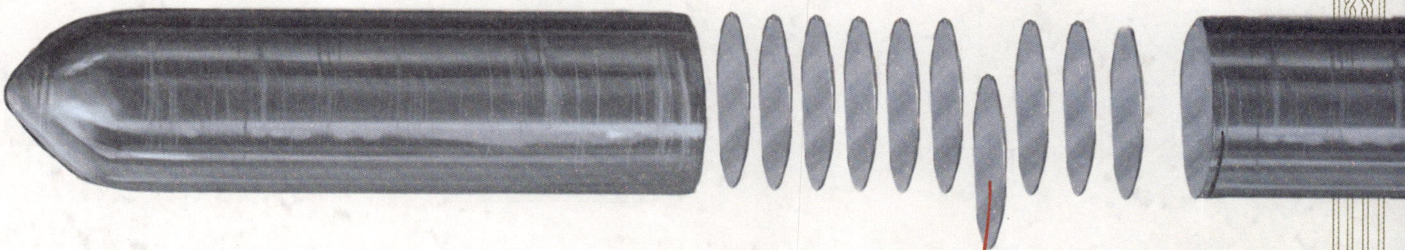

Auf die Wafer werden Prozessoren aufgebracht.

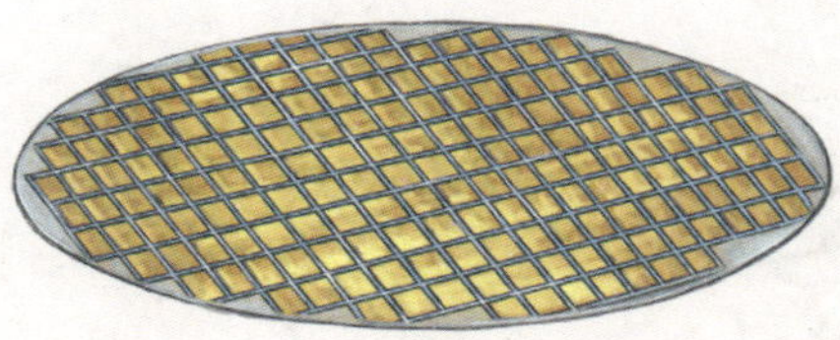

Die Prozessoren bekommen Goldkontakte.

Der Wafer wird in die einzelnen Prozessoren geteilt.

Die Prozessoren werden programmiert und können dann in den Geräten eingesetzt werden.

EXPERIMENT

KRISTALLE ZÜCHTEN

Kristalle werden nicht nur für technische Anwendungen gezüchtet, sondern auch, um Edelsteine bezahlbar zu machen. Mineralien, wie Quarz oder Pyrit, brauchen in der Natur sehr lange, um schöne Kristalle zu bilden. Einigen kann man aber auch beim Wachsen zuschauen.

ZWEI MÖGLICHKEITEN, UM SELBER KRISTALLE ZU ZÜCHTEN

KOCHSALZ

Nimm ein kleines Marmeladenglas ❶ und fülle es zur Hälfte mit warmem Wasser. Gib nun in kleinen Mengen sehr langsam immer mehr Speisesalz ❷ hinzu. Rühre weiter um, bis sich das Salz aufgelöst hat. Irgendwann bleibt ein wenig am Boden des Glases liegen. Nun ist die Lösung gesättigt, wie der Chemiker sagt. Stelle das Glas auf eine sonnige Fensterbank und lege lose ein Stück Küchenpapier darüber ❸, damit kein Staub hineinfällt. Bewege das Glas nun nicht mehr von der Stelle. Das Experiment wird ein paar Wochen dauern.
Aber wenn du geduldig bist, werden sich mit der Zeit ein paar funkelnde Salzkristalle ❹ bilden oder eine Kruste, wie in der Wüste.

❹ Salzkristalle

ALAUN

Nimm auch hier ein Marmeladenglas ❶. Erwärme Wasser ❷ und fülle es in das Glas. Rühre Alaun ❸ hinein, bis es sich nicht mehr löst. Alaun bekommst du in der Apotheke. Achtung, es reizt die Schleimhäute. Trage am besten Schutzbrille und Handschuhe wie ein Chemiker. Ist die Lösung gesättigt, kann es losgehen. Knote eine Büroklammer an einen Wollfaden ❹. Befestige den Wollfaden an einem Bleistift ❺ und lege das Ganze so über die Glasöffnung, dass der Faden in der Alaunlösung hängt. Für bunte Kristalle ❼, musst du nur einen Schuss Lebensmittelfarbe ❻ hinzufügen.

❼

Das Experiment kannst du auch mit Seignetten- und Bittersalz machen.

ROHSTOFFPROBLEMATIK

Die Wiederverwertung von Elementen, wie den Seltenen Erden oder Gold ist wichtig, denn ihr Abbau bringt viele schwere Probleme mit sich.

Für den Abbau von Seltenen Erden werden Säuren genutzt, also aggressive Chemikalien, die im Schlamm zurückbleiben und das Grundwasser vergiften. Da Seltene Erden oft zusammen mit radioaktiven Substanzen vorkommen, kann beim Abbau ihrer Erze Radioaktivität freigesetzt werden, der die Arbeiter ausgesetzt werden.
Auch für die Gewinnung von Gold werden Techniken und Chemikalien eingesetzt, die die Umwelt stark gefährden. Für die Gewinnung von Lithium wird in wasserarmen Gebieten kostbares Grundwasser verbraucht, obwohl man dadurch riskiert, dass die Gegend austrocknet und zur Wüste wird.

Aus diesen Gründen ist es sehr wichtig, so viele Geräte wie möglich zu reparieren oder ihre Bestandteile wiederzuverwerten.
In der Mülldeponie verbrannte Rohstoffe sind für immer verloren.

HANDYS LANDEN NICHT SELTEN IN DER VERBRENNUNG

ÜBERSICHT DER MINERALIEN

OXIDE UND HYDROXIDE

Korund (Varietät: Rubin, Saphir)

Chemische Formel: Al_2O_3
Mohshärte: 9
Dichte: 4
Spaltbarkeit: fehlt
Bruch: muschelig bis splittrig, spröde
Farbe: farblos, durch Verunreinigungen variabel gefärbt, fast alle Farbtöne sind möglich
Strichfarbe: weiß
Transparenz: durchscheinend bis durchsichtig
Glanz: spezifisch für Varietäten

Kassiterit (Zinnstein)

Chemische Formel: SnO_2
Mohshärte: 6–7
Dichte: 7
Spaltbarkeit: unvollkommen, undeutlich
Bruch: schwach muschelig bis uneben, spröde
Farbe: braunschwarz bis schwarz, rot bis rötlichbraun, gelb, grau, selten farblos
Strichfarbe: weiß, hellbraun bis hellgrau
Transparenz: durchscheinend bis undurchsichtig
Glanz: Diamantglanz bis Metallglanz, Fettglanz auf Bruchflächen

Chrysoberyll (Varietät Alexandrit)

Chemische Formel: $BeAl_2O_4$
Mohshärte: 8,5
Dichte: 3,7
Spaltbarkeit: unvollkommen
Bruch: muschelig bis uneben
Farbe: farblos, gelb bis goldgelb, braun, grün, blaugrün
Strichfarbe: weiß
Transparenz: durchsichtig bis durchscheinend
Glanz: Glasglanz, Fettglanz

Hämatit (Blutstein, Eisenglanz)

Chemische Formel: Fe_2O_3
Mohshärte: 5–6
Dichte: 5,3
Spaltbarkeit: keine
Bruch: uneben bis schwach muschelig; spröde, nur in dünnen Plättchen elastisch
Farbe: stahlgrau bis schwarz, rotbraun, bunt anlaufend, rot verwitternd
Strichfarbe: kirschrot bis rotbraun
Transparenz: undurchsichtig, kantendurchscheinend
Glanz: Metallglanz, matt

Magnetit

Chemische Formel: Fe_3O_4
Mohshärte: 5,5–6,5
Dichte: 5,2
Spaltbarkeit: undeutlich
Bruch: muschelig, spröde
Farbe: schwarz
Strichfarbe: schwarz
Transparenz: undurchsichtig, an dünnen Kanten durchscheinend
Glanz: schwacher Metallglanz

Opal

Chemische Formel: $SiO_2 \cdot nH_2O$
Mohshärte: 5,5 bis 6,5 (je mehr Wasser umso weicher)
Dichte: 2,0 bis 2,2 (vom Wassergehalt abhängig)
Spaltbarkeit: keine
Bruch: muschelig, uneben, splittrig
Farbe: höchst vielfältig, farblos oder milchig, grau, braun, rot, gelb
Strichfarbe: weiß
Transparenz: durchscheinend bis undurchsichtig
Glanz: Fettglanz
Bemerkung: Feuersteinmineral

Quarz

Chemische Formel: SiO_2
Mohshärte: 7
Dichte: 2,7
Spaltbarkeit: keine
Bruch: muschelig, spröde
Farbe: farblos, weiß, alle Farben möglich
Strichfarbe: weiß
Transparenz: durchsichtig bis undurchsichtig
Glanz: Glasglanz, Fettglanz auf Bruchflächen

Varietäten: Reiner Quarz (Bergkristall) ist bei perfekten Kristallen transparent und farblos. Oft jedoch baut er während des Wachstums mikroskopisch kleine Einschlüsse von Flüssigkeiten und Gasen in sein Atomgitter ein, wodurch er trüb wird und im Gestein grau erscheint. Auch werden häufig andere Elemente oder Kristalle eingebaut, wodurch seine vielen Varietäten entstehen.
Die bekanntesten sind:
Amethyst: durch eingelagerte Eisenionen violett gefärbt

Aventurin: mikrokristalline Einschlüsse von Glimmer oder Hämatit, die ein starkes Glitzern hervorrufen

Citrin: durch eingelagerte Eisenionen oder Erhitzen von Amethyst gelb bis orangebraun gefärbt

Milchquarz: durch Flüssigkeitseinschlüsse milchig-trüb

Rauchquarz (Morion): durch natürliche Gammastrahlen graubraun bis schwarz gefärbt

Rosenquarz: durch Einschlüsse trüber, rosa gefärbt

Smaragdquarz (Prasem): durch Einschlüsse von Aktinolith lauchgrün und undurchsichtig

Tigerauge: faserige Quarzkristalle und ebenfalls faseriges Amphibol

Mikrokristalline Quarzaggregate:
Chalcedon bildet winzige mikrokristalline Kristalle und ist zusätzlich mit **Moganit** verwachsen.
Berühmte Varianten sind:
Achat, **Onyx**,
Karneol und
Jaspis

SILIKATE UND GERMANATE

Talk (Steatit)

Chemische Formel: $Mg_3[(OH)_2|Si_4O_{10}]$
Mohshärte: 1
Dichte: 2,6–2,8
Spaltbarkeit: vollkommen
Bruch: uneben
Farbe: farblos, weiß, grau, grünlich, gelblich
Strichfarbe: weiß
Transparenz: durchscheinend bis undurchsichtig
Glanz: Perlmuttglanz, Fettglanz
Bemerkung: unlöslich in Wasser und organischen Lösungsmitteln

Feldspäte

Chemische Formel: sehr variabel, z. B. Orthoklas $K(AlSi_3O_8)$, Albit $(NaAlSi_3O_8)$, Anorthit $(CaAl_2Si_2O_8)$
Mohshärte: 6
Dichte: 2,6–2,7
Spaltbarkeit: vollkommen
Bruch: muschelig, spröde
Farbe: verschieden
Strichfarbe: weiß
Transparenz: meist durchscheinend
Glanz: Glasglanz
Bemerkung: Feldspäte sind neben Quarz die häufigsten Mineralien. Ihr Verwitterungsprodukt Kaolinit wird zur Porzellanherstellung genutzt.

Glimmer

Chemische Formel: sehr variabel, z. B. Muskovit $KAl_2[AlSi_3O_{10}(OH)_2]$
Mohshärte: 2–4 je nach Richtung
Dichte: 2,8–3
Spaltbarkeit: sehr vollkommen
Bruch: schuppig, blättrig
Farbe: sehr variabel
Strichfarbe: weiß
Transparenz: durchsichtig bis undurchsichtig
Glanz: Glasglanz
Bemerkung: Glimmer sind die schillernden Anteile in vielen Gesteinen, der Grund weswegen sie auch für glitzernde Kosmetik genutzt werden. Große Kristalle wurden wegen ihrer Transparenz und Feuerfestigkeit in der Vergangenheit für Ofenfenster genutzt.

Amphibol (Hornblende, Asbest)

Chemische Formel: sehr variabel, z. B. Hornblende $(Na,K)Ca_2(Mg,Fe^{2+},Fe^{3+},Al)_5[(OH,F)_2/(Si,Al)_2Si_6O_{22}]$
Mohshärte: 5–6
Dichte: 3–3,6
Spaltbarkeit: unterschiedlich, je nach Einzelmineral
Bruch: meist spröde
Farbe: variabel
Strichfarbe: variabel
Transparenz: durchsichtig bis undurchsichtig
Glanz: Glasglanz
Bemerkung: Zu den Amphibolen gehört das faserige Mineral Asbest, das viele Jahrzehnte zur feuerfesten Dämmung in Gebäuden verbaut wurde, heute gilt es als krebserregend.

SULFIDE UND SULFOSALZE

Markasit

Chemische Formel: FeS_2
Mohshärte: 6–6,5
Dichte: 4,9
Spaltbarkeit: unvollkommen
Bruch: uneben, spröde
Farbe: bronzefarben über messinggold bis zinnweiß
Strichfarbe: grünlichgrau bis schwärzlichgrau
Transparenz: undurchsichtig
Glanz: Metallglanz

Pyrit (Narrengold)

Chemische Formel: FeS_2
Mohshärte: 6–6,5
Dichte: 4,9–5,2
Spaltbarkeit: undeutlich
Bruch: muschelig, spröde
Farbe: kupfergelb bis goldgelb
Strichfarbe: grünschwarz bis bläulichschwarz
Transparenz: undurchsichtig
Glanz: Metallglanz

Cinnabarit (Zinnober)

Chemische Formel: (Alpha)-HGS
Mohshärte: 2–2,5
Dichte: 8,2
Spaltbarkeit: vollkommen
Bruch: uneben bis schwach muschelig; spröde und splittrig
Farbe: zinnoberrot, braunrot, bleigrau
Strichfarbe: scharlachrot
Transparenz: durchscheinend bis undurchsichtig
Glanz: Diamantglanz, Metallglanz, matt

SULFATE

Gips (Gipsspat)

Chemische Formel: z. B. Selenit $Ca[SO_4] \cdot 2H_2O$
Mohshärte: 2
Dichte: 2,3
Spaltbarkeit: sehr vollkommen, deutlich mit Faserbildung
Bruch: muschelig
Farbe: farblos, weiß, gelblich, rötlich, grau, braun
Strichfarbe: weiß
Transparenz: durchsichtig bis undurchsichtig
Glanz: Glasglanz, Perlmutterglanz, Seidenglanz
Bemerkung: in Wasser schwer löslich. Gips ist ein vielgenutztes Mineral für Gipsverbände, Dämmmaterial im Häuserbau und als Modelliermasse.

CARBONATE UND NITRATE

Calcit (Kalkspat), Aragonit, Dolomit

Chemische Formel: Calcit, Aragonit $Ca[CO_3]$, Dolomit $Ca,Mg[CO_3]_2$
Mohshärte: 3
Dichte: 2,6–2,8
Spaltbarkeit: sehr vollkommen
Bruch: muschelig, spröde
Farbe: meist farblos, milchig weiß, grau, gelb, rosa, rot, blau, grün, braun bis schwarz
Strichfarbe: weiß
Transparenz: durchsichtig bis undurchsichtig
Glanz: Glasglanz, auch Perlmuttglanz
Bemerkung: Stalaktiten und Stalagmiten in Tropfsteinhöhlen bestehen aus diesen Kalkmineralien

Soda (Natron, Nitrit)

Chemische Formel: $Na_2[CO_3] \cdot 10H_2O$
Mohshärte: 1–1,5
Dichte: 1,5
Spaltbarkeit: unvollkommen, deutlich
Bruch: muschelig, spröde
Farbe: farblos, weiß, grau, gelb
Strichfarbe: weiß
Transparenz: durchsichtig bis durchscheinend
Glanz: Glasglanz

HALOGENIDE

Fluorit (Flussspat)

Chemische Formel: CaF_2
Mohshärte: 4
Dichte: 3,2
Spaltbarkeit: vollkommen
Bruch: muschelig bis splittrig
Farbe: in reiner Form farblos, gelb, grün, rot, violett auch schwärzlich
Strichfarbe: weiß
Transparenz: durchsichtig bis undurchsichtig
Glanz: Glasglanz

Halit (Kochsalz, Salz)

Chemische Formel: NaCl
Mohshärte: 2–2,5
Dichte: 2,2
Spaltbarkeit: vollkommen
Bruch: muschelig, spröde
Farbe: farblos, weiß, grau, rot, gelb, blau
Strichfarbe: weiß
Transparenz: durchsichtig bis durchscheinend
Glanz: Glasglanz